老观村志

程保平 主编

合肥工業大學出版社

图书在版编目(CIP)数据

老观村志/程保平主编．—合肥:合肥工业大学出版社,2018.9
ISBN 978-7-5650-4146-4

Ⅰ.①老…　Ⅱ.①程…　Ⅲ.①村史—铜陵县　Ⅳ.①K295.45

中国版本图书馆 CIP 数据核字(2018)第 207835 号

老观村志

程保平　主编　　　　责任编辑　朱移山

出　版	合肥工业大学出版社	版　次	2018 年 9 月第 1 版
地　址	合肥市屯溪路 193 号	印　次	2018 年 11 月第 1 次印刷
邮　编	230009	开　本	710 毫米×1010 毫米　1/16
电　话	人文编辑部:0551-62903310 市场营销部:0551-62903198	印　张	15　　彩插　1.25 印张
		字　数	196 千字
网　址	www.hfutpress.com.cn	印　刷	安徽联众印刷有限公司
E-mail	hfutpress@163.com	发　行	全国新华书店

ISBN 978-7-5650-4146-4　　　　定价：45.00 元

《老观村志》编委会

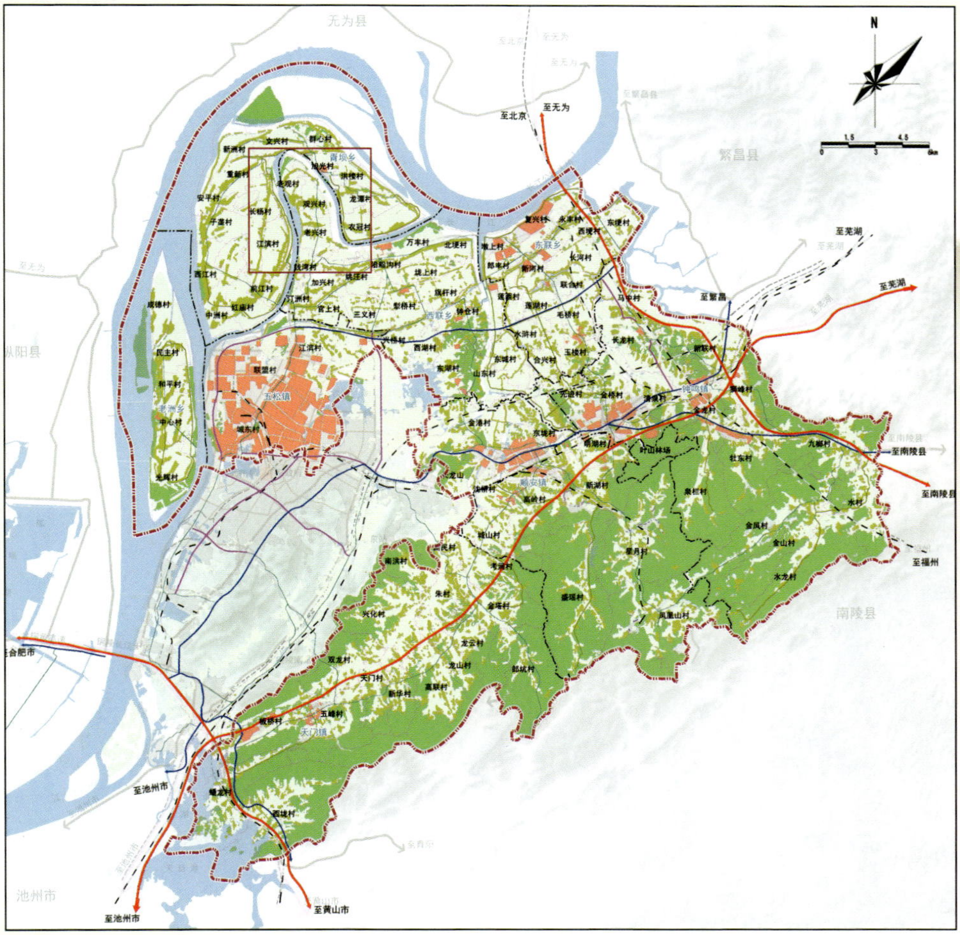

无为县
繁昌县
南陵县
池州市
枞阳县
N
至北京
至无为
至芜湖
至繁昌
至南陵县
至福州
至合肥市
至池州市
至黄山市
青坝乡
东联乡
西联乡
五松镇
天门镇
老观村

老观村位置图

空中看老观（一）

空中看老观（二）

美丽乡村（一）

美丽乡村（二）

美丽乡村（三）

又是一个丰收年

老观曹源禽业

老观综合服务中心

老观社区服务中心

小卖部

农家清晨

历史的现在生活时

豆腐坊

即将消失的民居（一）

即将消失的民居（二）

阳光·老观小学的学子

老观人日常生活一瞥

广场舞也是村民生活的一部分

电力电信职工在工作（一）

电力电信职工在工作（二）

送子参军是老村的光荣传统

老观子弟朱国正经营的漫园（一）

漫园（二）

漫园（三）

老观女子周红和她的农业科技示范园

《老观村志》编纂人员在老观村部留影

《老观村志》序

铜陵市作家协会主席　程保平

（2818 年 6 月 28 日）

中国有修史之传统，古往今来，凡国有史，姓氏有谱，府县有志，考世系，记治乱，知兴衰更替而传风化也。

国史重博大，以经国治邦为主，录事难以其详，故府县志补之。府县志重治理，兼风物习俗，乡事未必具体，故闾志家谱类补之。闾志者，乡里之志也，记载村野闾巷故事，追本穷源，正本清源，小则小矣，然知微显著，以小体大，互为彰显，有殊途同归之效也。是故，铜陵市作家协会领衔老观村众乡贤，编撰铜陵首部村志《老观村志》。

老观村傍依大江，踞铜地北境。大江东去，遇庐山而北折，奔腾又六百里，遇群心洲而分为二，右江向南陡折，呈锐角状，右岸线即为老观地境。乡贤查屏球者，祖籍老观，复旦大学中文系教授博导也，有《五松老观洲王氏重修宗谱序》曰，“我老鹳沙洲，江滩细沙，势如纸帛，承阻江之殿军，运绵厚之功，施坚巧之力，挺江北出，江水日日冲刷，沙洲年年延伸，宛如老鹳巨喙直刺江中，江之澎湃巨势转成碎锦匹练，赳赳武夫一变为纤细淑子，故地势坚弱全不在外表之象也。”斯言诚然，斯言斐然。

老观因沙而滩，而洲而圩，而人居家，呈今日之现状，约在三百年间。先前老观以港取胜。境内上夹口为天然良港，每当夏汛，舳舻千百，桅樯云集，渔灯村火，男女摩肩。三百年来，日侵月蚀，蔚然而成今日老观之乡风文风。老观人有见识，善经营，重耕读，人才辈出，绵延数百年而不绝。何也？赖天地造化，赐此良港矣。

《老观村志》肇始于乙未年（2015）。中共安徽省委常委、合肥市委书记宋国权在铜主政期间，曾主导老观村对口扶贫事宜，恰该村同为市作协文艺对口扶持点。宋公大格局，大见地，推崇文化，授我领衔市作协编撰《老观村志》。领命伊始，市作协精心谋划，集全体同仁之智，合本村父老之力，走村穿巷，遍访乡里，录取资料。又想方设法，搜罗馆藏，甄别求证，几达百十次。经三年整理，撰写，增删，成此薄本。付梓印行之际，有敝帚自珍之喜，不禁欣然为序。

《老观村志》设四卷，凡十六章，约一十四万字，主记老观村域事，兼及邻里，力求追根溯源，记录完整，彰显因果，揭示未来。然因年代久远，人众星散，资料缺如，记忆渐次湮灭；又因银两所限，人手不足，智力不济，诸多因素，互为牵扯，以致宵衣旰食，筚路蓝缕，仍有遗珠之憾也。伏愿读者方家不吝赐教，当感激之至。

凡　　例

一、本志定名为《老观村志》。

二、本志上限不定，所记事例力求追溯至起始，下至2017年。

三、本志主记老观村域内事，对周边地区亦有涉猎，但多简述。

四、本志取事详今略古，全志设四卷，凡十六章。

五、本志采取“横分门类，纵向叙述”的传统格局，设章、节二层次，追求分类得当，领属得体。

六、本志采用述、记、志、传、录、图、表并用，总述以纵述历史、横陈现状、述议结合、勾勒事物发展为轮廓，彰明因果，揭示规律，展示未来；大事记以编年体为主。

七、本志《人物志》分为传（含简介）、表、录三个层次，以本籍为主，兼收客籍。根据“生不立传”原则，“人物传”收录对本村影响较大，并有重要业绩的已故人物；“人物表”收录身居高位但事迹不显的过世人物或有重要贡献的在世人物；“人名录”收录全村所有在籍村民。

八、本志所载大事为在全县有影响的重要事件，含重大自然灾害和重大事故等。

九、本志资料录自历史文献、档案和口传资料，均已整理核实，为节省篇幅，不注明出处。

十、历史纪年是，民国前（含民国）一律为朝代年号，辅以括号标明公元纪年，解放后一律以公元纪年。

十一、本志采用规范的现代汉语书写，除引用古文外，一律以国家语言文字委员会等单位公布的《简化字总表》和《标点符号用法》为准。

十二、计量单位采用中华人民共和国法定计量单位，历史上使用的计量单位则照实录入。

十三、数字使用按《中华人民共和国统计法》和国家语言文字工作委员会等七单位颁布的《关于出版物上数字用法的试行规定》执行。

目　　录

卷二 人文志

卷三 人物志

卷四　艺文志

总　述

义安区西联镇老观村位于铜陵市正北方。长江自西而北，又陡折向东南，绕过老观村西、北、东三面，以致老观地形成“且”状。老观西、北、东南方隔江与胥坝乡相望，南分别与本镇老兴村、观兴村接壤，国土面积约3.64平方公里，人口1076人（2016年统计数字）。

老观最先被称为老鹳嘴墩。因地形又如水鹳嘴喙，遂名。日积月累，文随口顺，又简称为“老鹳”。新中国成立后，随着汉字简化之风，“鹳”又简化为“观”。

老观在明朝属水泽地区。据明万历十五年成书的《铜陵县志》载铜陵四境图，标明此处为水纹波浪，属于随水涨落、时隐时现的沙滩沼泽区。另据老观汪、朱二氏宗谱记载，约1760年后，二姓分别迁入老鹳。由此推断，此前老观当有人暂居，农渔并举，但能确认的定居历史在近三百年之间。居民多为从徽州迁来的大姓，少数为从江北枞阳、无为等县迁入的杂姓。

老观土地平整，土壤沙粒，主产棉花、小麦、油菜、黄豆等经济作物。老观人勤劳能干，讲究科学种地，精耕细作。如大棚蔬菜生产，到2016年，老观村种植面积已达1900亩，产量3600吨，年蔬菜销售产值1240万元。随着城市化进程的加快，老观劳动力市场发生了根本性变化，进城打工的比例逐年增加，达到总劳力的六成以上，成为农村经济发展的主体。

因气候属于北亚热带季风过渡区，老观夏季炎热多雨，由此造成的水患较多。先前老观水灾记录不可考，但据村里耆老说，自清光绪末年（1908）到1954年，老观圩先后决口6次，尤以1954年水灾为甚。1955年后，由于农村集体经济的建立，大规模兴修水利工作全面铺开，经二十多年努力，在老观已形成堤岸稳定，堤内沟渠贯通，支、斗沟相连，排涝系统发达的体系，此后再也没有决堤。

长江流经老观，变为弯道，流速减缓，水深岸陡，在此形成一个天然良港。在交通不发达的年代，华东地区东西间的客货运输主要是通过长江实现的，由此，老观的地理形势险要，是上通省城安庆、九江、武汉，下通芜湖、南京、上海的主要运输通道。又据耆老回忆，当年船舶停靠在老观最多时可达两百艘。由于港口的出现，在老观较早出现了商业，上夹口一带由露水街逐渐演变为成熟的商业街，商人也随之产生。在1950年代前，老鹳商人多为农商兼营，忙时种地，闲时经商，坐商者多，行商者少。经营对象多为来往船舶，经营范围以日杂百货、农副产品为主。新中国成立后，随着国民经济的全面复兴，水运逐渐由人力帆船变为机动船舶。又由于公路建设的发展，特别是随着1956年铜陵建市，带来了铁路运输业的迅猛发展，长江水运业萎缩，老观的港口业也渐次衰微以致消亡。

在交通欠发达年代，老观至少有两个不同于周边地区的特色：一是由于信息的集合和传递速度的加快，发育了老观人较早的商品观念，又由经商带来了老观社会经济的发展，生活一般而言比邻村富裕。二是由水运交通带来了各种文化的碰撞、交流和融合，激活了老观人对文化的需求，日积月累，形成了老观别样的文化习俗。此地一直有重视教育的文化传统，新中国成立前有私塾多家，每个时期都有代表性人物。在广大村民中，一直遵从着“抬头求人，不如低头求土”“饿死不做贼，气死不告状”的人生信条。也因此，从老观走出去的人才众多。据老鹳继年堂王氏宗谱介绍，在清中后期不到一百年的时间里，王氏家族出了3名秀才，1名登仕郎，多名业儒；废除科举制以后，又有多名法政专科、医药专科的毕业生。1977年恢复高考后，从老观考入大学的学子平均每年约10人，其中有硕士、博士30多人，他们分布于北京、上海、浙江、江苏、广东等20多省市，或教书育人，或服务于公职，或弄潮于商品经济，成了各界的成功人士。少数人留学海外，成了某个科技领域的专才。

老观是中国共产党最先解放的江南土地。1949年4月20日夜，中国人民解放军第二十四军七十师第二一〇团自江北渡江，至23时抢占文兴洲（胥坝乡）。21日晨4时，第二〇八团渡过夹江，从老观登上江南大地，是为人民解放军正式踏上江南土地之始。

大 事 记

明

老鹳嘴墩一名，始见于明万历十五年（1587）《铜陵县志》，列附图中长江水纹波浪之中。

明中期，在老鹳嘴墩设墩台一座，配哨望民壮两名，另从石台县拨协助民壮十人，哨船一艘。

清

约康熙九年（1700）前后，江苏巡抚宋荦有《咏老鹳咀》诗：“曲港桅樯密，空江落日圆。故人出邂逅，野案共留连。笋摘新蒿嫩，鱼烹小鲫鲜。浊醪容易醉，好傍白鸥眠。”

清乾隆二十二年（1757）《铜陵县志》改“老鹳嘴墩”为“老鹳嘴滩”，已不见水纹波浪。

老观汪、朱等氏约在乾隆二十五年（1760）后迁入老鹳。

约咸丰七年（1857），为应太平天国之战，清军驻扎老鹳嘴里牛滩，此后地名改为“营盘基”，沿用至今。

光绪末年（1908），老观圩决口。

宣统三年（1911），老观圩决口。

民　国

民国二十年（1931），老观圩决口。

民国二十二年（1933）春，老观成立中共胥坝区委，后依次改为新四军第四支队第二游击纵队第四大队，新四军三支队铜、无、繁游击独立第二大队。

民国二十四年（1935），老观圩决口。

民国二十九年（1940）撤区并乡，属汀州乡第八保。

民国三十八年（1949），老观解放，为中国人民解放军踏入江南土地之始。

中华人民共和国

1949 年 10 月，废保甲改为村，定名鹳鸣村。

1949 年，老观圩决口。

1950 年，老观设民兵大队。

实行土地改革，到 1951 年 11 月结束。

老观开始新式教育，开办老观小学，到 1951 年冬，老鹳中心小学挂牌，正式列入国民教育序列。

1951年，老观送子弟参军，参加抗美援朝的青年有二十余人。

1952年，恢复乡建制，鹳鸣村改属汀州区鹳洲乡。

开始实施血吸虫病防治工作。

1953—1957年，实行农业合作化，先后成立初级社、合作联社、高级合作社。

1954年，长江超百年最高水位，老观圩决口。

1956年4月，村名改为老鹳（观）村至今。

1958年9月，农村乡镇改为人民公社，老观村改为老观大队。

1960年，老观进行衡器改革，改16两制为10两进位制。

1964年，老观实行第一次人口普查。

1972年，老观开始实行计划生育“三项手术”（结扎、上环、人流）。

1978年，老观每个生产小队接通交流电路，排涝防汛以输变电代替；到1980年代初，居民开始以电照明。

1981年，老观村新土地改革全面实行，联产承包责任制。

1983年，老观大队更名为老观行政村。

1983年7月，连降暴雨，长江坝埂头水位达14.25米，全村劳力上圩保堤。

1985年始，电视机、录放机、音响、洗衣机、电冰箱逐步进入老观居民家庭。

2004年5月，属西联乡（镇）至今。

2006年3月，原柳洲村并入老观村。全村有中共党员71名，设立中共老观村党总支。

2010年，老观村被确定为中共铜陵市委农村工作对口扶持点，由市委书记为第一联系人，先后有沈素琍、姚玉舟、宋国权等市委书记为第一联系人。

▶▶ 卷一　地理志

第一章　沿　革

老观行政村隶属铜陵市义安区西联镇，国土面积约3.64平方公里，其中，可用土地面积357.32公顷（合5360亩），耕地面积2797亩，水面350亩，林地640亩。圩内土地平整，沙粒土壤。老观地处铜陵市正北方，傍依长江，西、北、东三面为江环绕，地形呈“且”状，西、北、东北隔江分别与胥坝乡杨林村、文兴村、群心村隔江相望，南、东南分别与本镇老兴村、观兴村接壤。老观为义安区地势最低地区之一。由于第四纪以来，此地一直处于下降期，长江及其支流携带大量泥沙冲积而形成沉积层，随时间推移，逐步而成为沙洲。时间约在明中期到民国年间，随后而基本固为今天的地形。

老观最先被称为老鹳嘴墩，因本村相邻数村傍江而形成独特如鹳鸟状地形，老观因处于最北部分，凸起如鸟之喙，遂名，相传成习，而至后世。“老鹳嘴墩”之名，根据现有文字资料，始见于明万历十五年（1587）《铜陵县志》。在此志第一卷铜陵四境图中，标注老观在长江水纹波浪中，可见当时还是随江水涨落时隐时现的沙滩沼泽区。此志还标明，老鹳嘴墩属工部十五处芦课地之一，亦可见当时长满了芦苇，不是人能居住的荒滩。以“芦课”推断，当为上缴税收。又据耆老听祖上说，老观在明朝末设滩，老观朱家祖先到滩插镖，在县衙纳税，才有了开垦权。因是孤证，存疑，在此照录。

170年后，即清乾隆二十二年（1757），重修《铜陵县志》时，在地形图中，已标明此处为实地，与钱家湾、老兴圩、加兴圩并列，名“老鹳嘴”。而正北方的胥坝乡当时还是一长条形沙洲，注明为小湖州，与现今胥坝乡呈“倒凹形”地形，无论在地形还是面积上，都有较大差距。

清康熙年间（约1700），江苏巡抚宋荦有“舟泊老鹳嘴”一诗曰：“曲港桅樯密，空江落日圆。故人出邂逅，野案共留连。笋摘新蒿嫩，鱼烹小鲫鲜。浊醪容易醉，好傍白鸥眠。”从诗可以推断，此地已是一个繁华的港口，不仅可以居住，还有饮食业经营。宋荦诗成在乾隆《铜陵县志》之前50年左右，可从侧面印证老观由沧海而成桑田的过程。另据老观土著汪氏、朱氏、章氏、继年堂王氏、孝敬堂查氏等宗谱记载，此五姓祖先都在1760—1850年之间迁入老鹳定居的，属于老鹳第一代居民。

清咸丰七年（1857）前后，清军与太平天国陈玉成部在沿江作战时，曾于老鹳嘴里牛滩查式宅基后设营驻扎，此后此地便名为“营盘基”至今，有旧迹可寻。

因为临江，老观自诞生之初，就成了来往船舶的港口。又因为港口的关系，老观自与其他洲区有所区别，这种区别又深远影响了其后的老观人，诸如经济、见识、人文等，待后详述。

民国二十九年（1940），老观成立行政村，属铜陵县汀洲乡第八保。

1949年4月，国共打响渡江战役。4月20日夜21时15分，中国人民解放军第二十四军七十师第二一〇团自江北渡江，至23时抢占文兴洲（胥坝乡）。21日晨4时，该师第二〇八团全部渡过夹江，从老观村登上江南大地，为人民解放军正式踏上江南土地之始。

1949 年 10 月，新中国成立后，老观废保甲制改为村，定名为鹳鸣村，属汀州乡。1956 年 4 月，老观并鹳洲、全兴二乡，定名为老鹳乡，村名遂改为老鹳村。由于自 1954 年始，国家成立文字改革委员会，推广简化汉字，因“鹳”笔画较多，为书写方便，改“鹳”为“观”，是为“老观”之名起始。随后经年累月，约定俗成，沿袭至今。

自 1955 年开始，我国实行农村社会主义化运动，开展大规模农田水利基本建设，到 1958 年，农村乡镇改为人民公社。9 月，老观村改为老观大队，属钟仓人民公社。

1960 年 3 月，老观属太平人民公社。1977 年析出本村后埂部分，成立柳洲大队。1983 年 4 月，太平人民公社改为太平乡，老观属太平乡。

2004 年 5 月，铜陵县撤太平、和平、钟仓等乡，成立西联乡，老观属西联乡。2006 年 3 月，并柳洲村（原柳洲大队）合为老观村。

2017 年 8 月，西联乡撤乡建镇，更名为西联镇，老观属西联镇。

第二章　地理气候

自第四纪以来，本区一直处于地质下降期，为铜陵地区地势最低处，因之，历史上的老观曾是沼泽区。由于长江泥沙冲击的关系，在自然上老观国土面积也是动态的，随水流水势水量而增减。老观村西夹江内近年来增长一无人沙洲，约千余亩，原部分属老观村，现权属西联镇，就是明证。从社会层面看，由于人口不断增多和人的抗击自然、改造自然能力的增强，又加剧了这种动态关系。老观自有人口定居以来，土地面积不断增加，除自然因素外，多是围水造田、不断挤压江面所致。据统计，老观圩自村西边老兴村张克义家到本村东肖小托家止，长 3822 米，堤防高程在 15.3 米至 15.6 米之间（吴淞口高程，下同），堤顶宽为 3～4 米，都是自宣统年间以来历代兴修水利的结果，由是带来了今天国土面积 3.64 平方公里。

老观在气候上属北亚热带季风过渡区，四季分明，雨热同季，利于农业生产。春季，气温跳跃回升，天气多变，时晴时雨，时暖时冷，常伴有寒潮或强冷空气南侵，形成“倒春寒”天气。夏季受西太平洋副热带高压影响，暖湿气流活跃，多炎热，高温日数约 20 天。6 月中旬梅雨季节，连续时阴时雨，降水量相对集中。一般在本月中下旬入梅，7 月上中旬出梅，梅雨期为 20 天，降水强度大，易致洪涝。秋季，温降迅速，日温差加大，雨水少，易致秋旱。偶有强冷空气南下时，伴有低温天气，淫雨绵绵。冬季，天气晴朗，干燥寒冷，多偏北风，常有霜或霜冻。每年均降雪，但时短量少，有积雪的年份不多。随着地球大气趋于变暖，境内气温有所增高。1991—2000 年，年均气温为 16.6℃，年均降水量为 1371.9 毫米。冬季初雪日和终雪日分别出现在每年 12 月 5 日和 3 月 8 日前后。初霜日和终霜日分别出现在每年 11 月 16 日和 3 月 13 日前后。全年无霜期约 230 天。

老观年际气温平均为 16.1℃，相差大，最高年（1961）平均为 17.1℃，最低为 15.5℃（1981）。年气温 1 月最低，平均 3.3 度；7 月最高，平均为 28.6℃。最多年降雨量为 2714.2 毫米（1983），最少为 768.5 毫米（1978）。年平均降雪天为 11.3 天，最长降雪年为 1973 年底至 1974 年初，多达 21 天，最短为 1970 年底至 1971 年初，仅 2 天；最早降雪日为 1969 年 11 月 16 日，最晚为 1971 年 1 月 21 日。

本村风向有明显季节变化，冬季以偏北风为主，夏季以偏南风为主，春秋两季为风向转换期。年平均风速为 3.3 米/秒，春季受寒潮大风影响风速为 3.3 米/秒，夏季不足 3 米/秒。最大风速为 1968 年 3 月 4 日 24 米/秒。在夏季，偏南风会伴有强降雨，雨水量丰沛。由此，老观历来夏季多水灾。清以前水淹情况因无记载无法统计，但从老观老人口传情况看，自清光绪末年（1908）到 1954 年，老观圩先后决口 6 次，为 1908、1911、1931、1935、1949 和 1954 年，尤以 1954 年为猛，达长江水位百年最高。当地民谣有言，“宣统宣统，淹断稻种”，就是反映了 1908、1911 年连续 2 次圩堤决口的民情。洪水所到，房屋崩塌，颗粒无收，因之，老观建房多在圩堤、土墩等高处。新中国成立后，由于防洪能力的提高，也由于长江水势的减弱，尽管出现了1983、1998年大洪水，老观圩再也没有决堤。

老观人历来重视兴修水利。新中国成立以前，因自然经济与生产力低下，抗自然能力不强。新中国成立后，随着1954年大水受灾和农村集体经济的建立，大规模兴修水利工作全面铺开，每年冬季农闲季节，青壮劳力或上堤加固堤坝，或在农田疏通沟渠。1955年，改建三余圩埂300米，总土方量为9000立方米；开展龙潭湾清口复堤工程，长240米，总土方量为9600立方米。1973年，联圩灭螺，兴建堤坝3600米，是为今天的柳洲小圩。1977年，改建西小圩，长1020米，总土方量为102000立方米。经20多年努力，形成了堤岸较为稳定，堤内沟渠贯通，支沟、斗沟相连，排涝系统发达的体系，涝水分别由老观排涝站、柳洲排涝站排入长江。

第三章　交通与邮政

老观依江而居，因长江流经此地，形成了一个弯道，流速减缓。由于水深岸陡，对面江心又有一座沙滩抵挡风浪，形成了一个天然良港。在交通不发达的1950年代以前，中国东西之间的客货运输主要是通过长江进行的，由此，老观地理形势险要，是上通安庆、九江、武汉，下通芜湖、南京、上海的主要运输通道。由于夏季本地多偏南风，江水上涨，流速增大，上水船舶多靠背纤上行，行船极为困难，到此都会停靠，等风力减弱再行。久而久之，形成了一个发达的船舶集散地。

老观老人至今还为当年港口的繁华而感叹。据他们回忆，当年船舶停靠此处，最多时可达两百艘。因为港口的出现，商业在当地应运而生，上夹口集市由露水街逐渐成形为商业小街，商人随之产生。耆老查全模在《难忘的上夹口》一文中说："每当夕阳西下，天色昏暗，夜幕降临之际，渔灯村火，与月相映成趣。忙了一天的船员们，三三两两，纷纷上岸，走东穿西。他们有的漫步、饮酒、购物，有的推牌九、打麻将，各寻乐趣。小街上吆喝声此起彼伏，非常热闹。"

老观港口的衰落始于新中国成立以后。随着国民经济的全面提速，水运由机动船舶取代了过去人力帆船，公路建设也全面展开。特别是 1956 年铜陵建市以后，带来了铁路运输业的发展，随着 1970 年代芜湖到铜陵铁路的建成，铜陵长江水运业迅速萎缩。如是，老观港口业已成昔日之景。

今天的老观交通由水路变为以公路为主，水路为辅。境内主要通道为 002 县道，自铜陵市高新技术开发区始，由南向北，经钱湾村、观兴村，在老观村境擦边而过，到胥坝乡渡口止，为铜胥路，有公交车从铜陵市区通胥坝渡口。由铜胥路自东而西修有一条村道，宽 4.5 米，水泥路基，到老观村部，再往西，经上夹口自然村而至里牛滩自然村。另有村道由村部往北，经龙潭湾自然村、后埂自然村畜牧场，再往东到胥坝渡口，接铜胥路，为一条宽 3.5 米的水泥路，是老观村东北片循环路。2008 年到 2016 年，修通环村公路，总长度为 5.3 公里。另有以上道路派生出若干“户户通”水泥小路，宽两三米不等，总长度 6.1 公里，联系于农户之间。

老观的邮路清以前不详，民国时始通邮路，传递书信。新中国成立后，铜陵县建邮局，在老观村设乡村投递人员，每周 6 次，向村民投递报刊信件，送达包裹和邮政汇兑，开取信箱邮件等。1991 年，老观村开始使用农用电话，最先是村部和极少数富裕户，到 2010 年普及到所有家庭。2000 年以后，老观人逐步使用无线电话，到 2010 年普及到每个家庭，每个家庭主要成员都有手机，大多数家庭有 2 部以上。

第四章　人　口

老观自明成滩以来，便有渔民临时栖息，后有山区或江北居民迁入，开荒种地，围水造田，至康乾时期，人口快速增长，具体数目不详，大姓有汪、朱、章、王、查等。新中国成立后，随着社会安定，人口进一步膨胀，达千余人。到“文革”结束，实行计划生育政策，每对夫妻生育 1～2 胎，人口增长速度放慢，大体稳定在 2000 人以内。随着城市化进程加快，又有不少村民迁入城市，在册人口有所下降。

据 2014 年全国人口普查数字，老观村在册户数 705 户，在册人口 2014 人。其中，男 992 人，女 1022 人；汉族 2006 人，毛南族 3 人，仡佬族 2 人，彝族 2 人，黎族 1 人；在籍人口文化程度为，大学 1 人，大专 6 人，中专 8 人，高中 36 人，初中 958 人，小学 509 人，文盲或半文盲 158 人，学龄前以及未填报学历的 327 人。少数民族人口多为近 30 年来由西南地区嫁入老观村的女性。

附 1

老观村基本信息变化表（1990—2016）

年份 指标名称	单位	1990	1995	2000	2003	备　注
区域面积	平方公里	2. 18	2. 18	2. 18	2. 18	
耕地面积	亩	1431	1431	1431	1431	
村民组	个	16	16	16	16	
总户数	户	355	361	383	387	
人口	人	1076	1087	1113	1134	
其中：男	人	542	545	559	570	
女	人	534	542	554	564	
劳动力	个	512	520	531	544	
用电量	千瓦小时	29820	63640	86450	89880	
化肥使用	吨	171. 72	138	184	180	
粮食产量	吨	115	108	129	125	
棉花产量	吨	216	131	222	218	
油料产量	吨	165	170	167	188	
蔬菜产量	吨	210	180	230	270	
人均纯收入	元	1784	1982	2202	2447	
可支配收入	元					
年份 指标名称	单位	2004	2005	2010	2012	备　注
区域面积	平方公里	3. 64				
耕地面积	亩	2797				
村民组	个	28				
总户数	户	599	602	708	703	
人口	人	1970	1959	2007	2005	
其中：男	人	982	970	980	987	
女	人	987	989	1020	1018	

（续表）

指标名称＼年份	单位	2004	2005	2010	2012	备　注
劳动力	个	1394	1390	1431	1450	
用电量	万度	10.6	8.6	9.4	9.8	
化肥使用	吨	197	164	190	190	
粮食产量	吨	77	210	450	786	
棉花产量	吨	344	327	305	270	
油料产量	吨	216	254	282	358	
蔬菜产量	吨	493	705	828	753	
农民人均纯收入	元	2719	3064	7028	9481	
居民可支配收入	元					

指标名称＼年份	单位	2013	2014	2015	2016	备　注
区域面积	平方公里					
耕地面积	亩					
村民组	个					
总户数	户	702	700	708	698	
人口	人	1994	1991	1996	2000	
其中：男	人	981	984	991	995	
女	人	1013	1007	1005	1005	
劳动力	个	1451	1448	1446	1446	
用电量	万度	9.5	19.5	19.5	27.5	
化肥使用	吨	160	210	210	198	
粮食产量	吨	980	1120	1721	808	
棉花产量	吨	135	90	2	3	
油料产量	吨	359	209	147	214	
蔬菜产量	吨	837	762	692	989	
农民人均纯收入	元	10789				
居民可支配收入	元		15795	17248	19073	

第五章　建　制

第一节　行政建制

一、行政建制

新中国成立前，老观村实行保甲制，设老鹳保，保长不详。临近解放时，联保主任为曹言家，后由杜彭年任过渡保长。1949 年新中国成立后，废保甲制，设立鹳鸣村，朱敦煌任村长。

1950—1951 年，地方武装掌管地方行政，设民兵大队，王移山任民兵大队大队长。

1952 年，恢复行政村，汪新中任村长。

1953—1957 年，实行农业合作化，先后成立初级社、合作联社、高级合作社，曹长寿任社长。

1958 年，与观兴村合并，何金华任大队长；旋即分治，至 1961 年，成立老观生产大队，沈西元任大队长。

1962—1963 年，李大荒任大队长。

1964—1969 年，朱敦武任村长（大队长）。

1969—1972 年，章尚新任大队长。

1973—1983 年，汪德炳任大队长。

1983—1993 年，恢复行政村，汪德炳任村委会主任。

1993—1994 年，章新民任村委会主任。

1994—1998 年，章新民任村委会主任。

1998—2001 年，章新民任村委会主任。

2001—2016 年，李小云任村委会主任。

2006 年，原柳州村并入老观村。并村后，老观村委会下辖 28 个村民组，即原老观村 1—16 村民组，原柳州村 1—12 村民组。28 个村民组分布在五大自然村，1—5 村民组居上夹口自然村，6—13 村民组居里牛滩自然村，14—16 村民组居龙潭湾自然村，17—21 村民组居后埂自然村，22—28 村民组居畜牧场自然村。

2017 年后，村委会主任空缺。

二、村委会主要职责

在村党总支领导下，主持制定本村经济社会发展规划和年度计划，依法依规，按照民主决策程序，讨论并负责组织实施；主持制定村内议事规则、工作制度、工作责任制，并负责组织落实，督促检查；支持和帮助农村合作经济组织依法独立进行经济活动，保障集体经济组织和村民承包经营者的合法权益；按照规划搞好农村建设，改善村容村貌，发展公益事业，搞好公共卫生，改善居住环境，提高村民健康水平；促进村民团结和家庭和睦，依法调解民间纠纷，维护社会治安和生活秩序；宣传贯彻法律、法规和国家政策，教育和推动村民履行纳税、服兵役等依法应尽的义务，执行计划生育的基本国策；办好社会公益事业和福利事业；召集村民会议和村民代表会议，并报告工作，执行村民会议和村民代表会议的决定、决议；协助乡人民政府开展工作，向人民政府反映村民的意见、要求和提出建议，维护村民的合法权益和利益。

第二节　党团建设

一、新中国成立前党的建设

新中国成立前，老观村就有中共党组织活动。1933 年春，本村教书先生王安澜在胥坝明伦堂小学，经中共秘密党组织负责人苏拓夫、沈默介绍，加入中国共产党。一同入党的还有本村人王子香等。

苏拓夫，原名疏仁安，男，1905 年生于桐城县石溪街，1927 年参军入伍，历任中共桐城县委宣传部长，铜、繁、无县委书记，泾、旌、太中心县委书记。1942 年 1 月，国民党 52 师突袭繁昌县保兴乡时被捕，同年 7 月 11 日，在工山镇八都光荣牺牲。沈默，曾化名沈醒吾、僧和尚、僧了痴，男，1901 年生于山东省郓城县，幼年流落到铜陵三官庙为僧，1933 年，担任铜、繁、无县委组织部部长，抗日战争和解放战争期间任新四军五支队队医、山东省荣军疗养院院长，1950 年去世，被追认为烈士。

此后，王安澜、王子香与本村人王采封、查全忠、汪万和、朱道进等，成立了中共柳洲党支部和老鹳赤卫队，动员群众开展武装斗争。这次武装斗争时间虽然不长，但在抗日战争中发挥了一定作用，以此为基础，在老观及周边地区，分别成立了农抗会、青抗会、妇抗会，在新四军民运科长方休的领导和指挥下，老鹳基干民兵曾发起了一次伏击日军的战斗。

王安澜之子王仲伦 1989 年在纪念父亲的文章中（详见本书

《艺文志·文选》）说："几十年后，父亲和我谈及此事。他说在南岗头（家乡地名）开过两次会，大约七八个人。苏拓夫同志主要是讲共产党是干什么的，说目前的任务就是动员大家到江西当红军。"

在王安澜等人带动下，一批老鹳青年如汪春廷、朱五一、朱敦云、章小宝、王泽民、丁旭之、汪世才、章黑你等，先后参加了新四军，并有多人随新四军北上，参加了从抗日到解放、抗美援朝等一系列战争。

日伪时期，老观上夹口一带驻有一小队日军，约七八人，由于兵力少，不敢外出，只有在从胥坝开来大批日本军队后，才配合清乡。为此，新四军把上夹口作为沟通大江南北的一条秘密通道。1938 年，新四军在此成立了新四军第四支队第二游击纵队第四大队，后又改为新四军三支队铜、无、繁游击独立第二大队，队部就设在老鹳嘴里牛滩。1940 年，老鹳曾一度作为铜陵敌后军政委员会机关驻地，统一领导全县抗日武装和敌后基层政权机关工作。

二、新中国成立后

新中国成立后，中共地方武装掌管地方行政，设民兵大队。

1952 年，老观建立村党支部，由汪世才任支部书记，后由村长汪新中兼。

1953—1957 年，合作化运动期间，汪新中任合作社党支部书记。

1958 年，史彭祖任村书记，至 1961 年，由沈西元继任，并兼大队长。

1962—1963 年，朱敦武任大队书记。

1964—1969 年，汪世才任大队书记。

1969—1972 年，韩昌海任大队书记。

1973—1977 年，周昌文任大队书记。

1977—1983 年，章尚新任大队书记。

1983—1993 年，恢复行政村，章尚新任村党支部书记。

1993—1994 年，汪一良任村党支部书记。

1994—1998 年，汪德炳任村党支部书记。

1998—2004 年，汪方甫任村党支部书记。

2004—2006 年，李云凌任村党支部副书记，主持党支部工作。

2006 年，原柳洲村并入老观村，全村共有中共党员 71 名，设立中共老观村党总支，谢贵胜任党总支书记，当年由徐规划接任，连选连任至 2016 年。党总支下设老观党支部和柳洲党支部，分别由汪红光、谢贵胜任党支部书记。

2007 年后，李云凌任村党总支书记。

三、老观村党总支主要职责

贯彻执行上级党组织及本村党员大会决议；讨论决定本村经济社会发展大事；领导和推进村民依法开展自治活动，领导村级其他组织依法依规充分行使职权；搞好自身建设，负责村组干部的教育管理和监督；搞好精神文明建设、新农村建设和社会治安、为民服务等工作。

党组织外围组织为老观村共青团，成立于 1950 年代，到 1970 年代达到顶峰，随着村级集体经济的解散，团员数量和团组织活动锐减。

2010 年，老观村成立了村务监督委员会。监督委员会由汪德炳、王火根、丁应龙三人组成。其主要职责是，监督村党总支、支部和村民委员会贯彻执行农村政策情况，支部会议、村民会议和村代表会议决议执行情况；对本村村务公开和党务公开进行监督；对村级财务收支以及管理情况进行监督；对村级重大事项进行监督；引导村民支持村两委工作，协调处理村两委与村民之间的关系。

第六章　经　济

老观地处洲区，无矿产资源，世以农业为生，主产棉花、小麦、油菜、黄豆、玉米、芝麻，辅以蚕豆、豌豆、大蒜、花生、红绿豆等，午季以小麦、油菜为主，秋季以棉花、黄豆、玉米、山芋为主，一年两熟。农闲或雨水充沛季节，兼做捕鱼业。

新中国成立以前，老观良田多属城内章晓凡、程柏村的查仲甫两家，大部分村民靠租种土地为生，签订契约，交纳保证金，地租约占亩产量的三分之一。由于少水利设施，旱涝无常，兼之品种老化，耕作方法简陋，产量极低，每亩大小麦产量不足 200 斤（在抗战时期每担小麦仅能换 5 斤食盐），不少人不得不靠打零工维持生计。当时有一句民谣："镰刀上了壁，还是莫得吃。"

由于港口的出现，老观较早出现了商业，在上夹口一带，由集市的露水街渐成商业小街。在港口业发达的年代，老观商人多为农商兼营。他们一般有土地，忙时种地，闲时经商，坐商者多，行商者少。

行商主要是开商行，既做来往船舶日杂生意，又帮本地农民推销农副产品。规模稍大的行商有王建国、丁本善两家，其他如王用舟、王移山等属于跑单班性质，跑一趟算一趟，有货就走，无货则从事其他事业。运货的种类，在上半年以蒜苗、大蒜、蚕豆、豌豆、油菜籽以及小麦、大麦为主，下半年则主要运销玉米、黄豆以及其他杂粮。运销的目的地，鲜货主要是送往短途的芜湖、池州等地，干货则送往安庆、南京、常州等地。经营方式多是代销，靠诚信，无本钱，亦无契约，俗称“货钱还山”。还有一种形式是行商自主经营，在当地按市价收购农产品，运往销售地，按市价出售，商家以差价作为收入。

坐商的经营范围更广，经营杂货的主要有查文斌、章渭贤、王用川、丁本善等，他们有固定店面，地址适宜，经营品种也较多，有油、糖、纸张、南北杂货以及糕点、百货、香烛、花炮等。经营肉食店的有王建功、丁铭顺、李道胜等；经营鲜鱼的有杜宪章等；开饭店的有查裕丰、徐德胜等。从事手工作坊的有竹匠铺杜家才、杜家顺，木匠铺江龙文，铁匠铺石吉坤，酒坊王子福、王子香、李道祥等，豆腐坊李朝凯、王用舒等，面坊有查全元、查文华、章大妹、王良楷、查全寿、王时文、章鹤年、汪春阳、汪有余等。经营小吃店的有查全来、朱福基、章和松、汪来根等，小吃主要品种是手工制作的烧饼、油条及馒头、发糕之类。另外，老鹳还有三名手艺不错的厨师，他们是查云松、汪佩云、苏中林。

新中国成立后，老观村实行土地改革，没收或部分没收了地主土地，将土地分给少地或无地农民。到 1952 年底，全村所有农民都拥有了自己的土地。1958 年，实行人民公社化，所有土地和生产资料归集体所有，社员实行按劳取酬、多劳多得的原则。由于统得过严，集体经济受到了极大破坏，但农村兴修水利等基础建设得到了提高。与此同时，由县一级集体经济派生出来的供销社、食品站、农产品收购站也进驻了老观，负责农民生活用品交易、生猪鸡蛋收购、农产品调销等业务。

从 1980 年代起，老观村实行新的土地改革，联产承包。承包以户为单位，与集体签订农业承包合同，有土地使用权，以户核算，自负盈亏。相对于1958年人民公社化以来，以生产队为单位集体、出工记工分、凭工分分配的“大呼隆”生产方式，农民的积极性得到了极大调动。

老观气候适宜，土壤肥沃，易于农作物尤其是蔬菜的生长。实行土地承包后，在长江洪水不泛滥、洪涝灾害减少的情况下，老观人的经济收入逐年增长，生活水平和质量也优于邻村。

与土地承包同时，随着粮油等农副产品价格全面放开，由县一级集体经济派生出来的供销社、食品站、农产品收购站等也全面萎缩，以至于停业，由此新生出的农村个体商品经济体如粮食加工、养殖产销、农民代销店等在老观逐步兴起，形成了依托本地和特色农业的产销链条。

在特色农业上，以种植蔬菜、养殖家畜、经营渔业为主。其中，大棚蔬菜种植面积到2016年达1900亩，产量0.36万吨，年蔬菜销售产值1240万元。标准化蔬菜基地建设面积达737亩，钢管大棚250个，面积130亩，设施栽培占蔬菜种植面积的6.8%。蔬菜种植户达175户，规模经营户8家，成立蔬菜专业合作社及企业4家。另有大型家禽养殖场1个。

老观蛋鸡场是老观村民曹高武于2006年创办，2008年在此基础上成立铜陵曹源禽业专业合作社，有成员5个，注册“曹源人”商标，实行统一养殖、统一购进原料、统一技术服务、统一产品销售。到2010年，注册资金增至3000万元，成员增加到50个，创总产值2000多万元，利润230万元。2017年，年产肉鸡10多万只，禽蛋1000吨，创产值1500多万元，利润200余万元。

随着城市化进程的加快，交通日趋便利，老观劳动力市场也发生了根本性变化，进城打工的比例逐年增加，达到总劳力的六成以上，成为农村经济发展的主体。在这些务工人员中，约半数是到上海、江浙、广东等外地打工，另有半数早出晚归，在铜陵市区或周边特色农业产业里打工。

2017 年，老观农村经济总收入为 3900 万元，其中，种植业收入 800 万元，养殖业收入 500 万元，林业收入 300 万元，第二三产业收入 800 万元，工资性收入 1500 万元。人均可支配收入 20400 元，其中，常年外出务工人数 510 人，省内为 220 人，省外为 290 人。

老观自 2012 年以来，实施美丽乡村工程，在住宅上，上世纪 70 年代建的简易民房全部翻修或重建，有半数居民新建了别墅式楼房，独门独院，二层或三层。乡村道路、居住环境发生了重大变化。在生活服务上，投资 97. 8 万元，建立了社区服务综合楼，面积为 576. 7 平方米，专人办理居民一系列服务业务，如劳动就业、社会保险、社会救助、社会福利、计划生育、建房初审、合作医疗、涉农补贴、城乡低保、信访代理、纠纷调解、法律援助、惠农帮扶、林业采伐等。

附 2

老观村美丽乡村建设工程一览表

<table>
<tr><th colspan="3">项　　目</th><th>计划资金（万元）</th><th>实到资金（万元）</th><th>实际支出（万元）</th><th>应付（万元）</th><th>结余（万元）</th><th>备　注</th></tr>
<tr><td rowspan="25">县审批项目</td><td rowspan="16">户建项目</td><td>外立面粉刷</td><td rowspan="16">181</td><td rowspan="16">171.95</td><td>120.0058</td><td rowspan="16">10</td><td rowspan="16">8.9925</td><td rowspan="16">施工方：查小乐</td></tr>
<tr><td>裸墙改造</td><td>9.586</td></tr>
<tr><td>铝合金窗户</td><td>1.4334</td></tr>
<tr><td>铝合金门</td><td>0.434</td></tr>
<tr><td>雨楼</td><td>0.245</td></tr>
<tr><td>石棉瓦</td><td>0.217</td></tr>
<tr><td>卫生厕所</td><td>0.15</td></tr>
<tr><td>屋面换瓦</td><td>0.44</td></tr>
<tr><td>厨房</td><td>0.084</td></tr>
<tr><td>屋面维修</td><td>0.3</td></tr>
<tr><td>建汕墙雪飞</td><td>0.04</td></tr>
<tr><td>围墙坡形瓦</td><td>4.15</td></tr>
<tr><td>沏围墙</td><td>1.134</td></tr>
<tr><td>零星工程</td><td>11.3436</td></tr>
<tr><td>房前屋后零星工程</td><td>13.3947</td></tr>
<tr><td>合计（万元）</td><td>162.9575</td></tr>
<tr><td colspan="2">停车场</td><td>5</td><td>4.75</td><td>5</td><td></td><td></td><td>施工方：王永红</td></tr>
<tr><td colspan="2">垃圾收集点</td><td>2</td><td>1.9</td><td>2</td><td></td><td></td><td>施工方：朱国平</td></tr>
<tr><td colspan="2">标准化公厕</td><td>10</td><td>9.5</td><td>10</td><td></td><td></td><td>施工方：王永红</td></tr>
<tr><td colspan="2">大小龙潭景观工程</td><td>49</td><td>46.55</td><td>59.17</td><td></td><td></td><td>施工方：李全祖</td></tr>
<tr><td colspan="2">污水处理工程</td><td>60</td><td>57</td><td>27.94</td><td></td><td>29.06</td><td>施工方：善水公司</td></tr>
<tr><td colspan="2">污水处理配套工程</td><td>15</td><td>14.25</td><td></td><td></td><td>14.25</td><td>施工方：邹立彪</td></tr>
<tr><td colspan="2">公交站点</td><td>2</td><td>1.9</td><td></td><td></td><td>1.9</td><td></td></tr>
<tr><td colspan="2">文体活动场所</td><td>10</td><td>9.5</td><td></td><td>9.5</td><td></td><td></td></tr>
<tr><td colspan="2">村庄绿化</td><td>15</td><td>14.25</td><td>15</td><td></td><td></td><td>施工方：徐道友</td></tr>
</table>

（续表）

项目		计划资金（万元）	实到资金（万元）	实际支出（万元）	应付（万元）	结余（万元）	备注
其他项目	绿化工程			34.8	7.8		施工方：徐道友
	农户围墙、厕所改造			3.28			施工方：王永红
	小工工资			10.15			
	广告牌制作费			0.68			施工方：新艺广告公司
结余资金（万元）				0.56			结余资金转入村由乡管账户
合计（万元）		349	331.55	331.5375	17.8	63.7025	

序号	以奖代补项目	计划资金（万元）	实到资金（万元）	实际支出数（万元）	备注
1	村口景观工程	55	50	7.5894	施工方：王永红
2	村围墙工程			4.1	施工方：王永红
3	文化长廊			4.85	
4	小龙潭防渗漏工程			27.43	施工方：邹立彪
5	绿化提升工程			12.1368	施工方：徐道友
合计金额（万元）				56.1062	

附 3

老观村 1990 年代前生产工具

1. 石碾

老鹳村原有两座石碾，一座在章家墩属沈治璋家，一座在里牛滩属王氏家族。碾是由碾砣、碾盘两大主要部分组成，碾盘直径约 6 米，碾砣是一个大圆石柱，以牛力牵引，主要是为稻谷去皮、加工大米之用。

2. 碓

老鹳的碓有两种，一是手碓，以手在大石臼里舂米，以脱稻壳。还有一种脚碓，有一石臼，在臼边立以木架，架以木杠，在杠头装上圆形石头，用脚连续蹬踏另一端，同样以脱稻壳。

3. 砻

形与石磨相似，是脱稻壳的工具，由竹、木、黄泥土等材料加工而成。这种工具较少，仅两三户拥有。

4. 石磙

里牛滩庄户人家用得较多，有十几个，是一个大的圆形石器，用于小麦脱粒之用。

5. 石磨

用于人工加工米麦粉。

除此之外，目前仍在使用的农具还有犁、耙、水车、风扇、连枷等，但随着农业机械化的逐步深入，呈萎缩甚至消失状。

第七章　供电与广播电视

一、供电

老观村在1970年代前未通电，居民照明以煤油灯为主，煤油则从供销社购入。煤油灯由灯座、灯罩和灯芯构成，座与罩为玻璃器，座装煤油，罩来挡风，座与罩之间由铁螺口连接固定，灯芯由煤油穿座而过，点亮可以照明。还有一种马灯，与油灯相类，供天黑出行照亮，防风性能好。

在农业动力上，过去以人力、牛力为主，1960年代后，排涝抗旱以柴油机发电为主。1973年，老观村开始通电，全村有一台50千伏安变压器，线路采用裸铝线，线径细，供电可靠性差，只能保证最基本的生活用电。2000年第一轮农网改造时，老观村架设了200千伏安、100千伏安配电变压器各1台。随着村级企业发展和农村居民生活水平日益提高，用电负荷不断攀增，2011年在新一轮农网升级改造工程中，老观村又新增315千伏安、200千伏安变压器各1台；增容改造变压器1台，容量200千伏安。截至2017年底，全村共有配电台区5个，配电容量1015千伏安，用电户数403户，户均容量达2.52千伏安。全村改造10千伏高压线路3.1千米，380

伏低压线路 11.7 千米，供电线路全部实现绝缘化。“三级漏保”安装率达 100%。全村工农业生产和居民的正常生活实现了安全、可靠供电。

自 1985 年始，电视机、录放机、音响、洗衣机、电冰箱逐步进入老观居民家庭，到 2010 年左右，基本普及到每个家庭。由于电力供应逐步完善、充裕，手机、电瓶车等以电为动力的家用电器也随后普及到每个家庭。

二、广播电视

1960 年代后，老观有极少人家开始出现半导体收音机，到 1970 年后，全县建立广播站，开始向老观村传输有线广播节目，每家都安有一只小喇叭，每天定时收听节目。节目时间固定在早中晚 3 个时段，约 3 小时，节目内容以转播中央、省级电台新闻，介绍农业科普知识为主。随着 1980 年代后收音机的普及，1993 年铜陵县（现铜陵市义安区）广播站改为调频发射，有线广播取消，居民代以收音机收听节目。

电视于 1990 年代开始在老观普及，由黑白电视机逐步替换为彩色电视机，屏幕由 9 英寸到 24 英寸，再到纯屏、超屏，只用了 10 年时间。电视出现后，村民获取新闻信息大部分靠电视。1995 年后，广播电视光纤传输网在全县铺开，老观始有有线电视，有线电视覆盖率达 90% 以上。

▶▶ 卷二　人文志

第八章　教　育

老观有重视教育的传统。新中国成立前，老观私塾有多家，在各个时期均有代表性人物。他们尊重文化，尊师重教，虽然不离故土，但将做大事、光宗耀祖的希望寄托在后生身上。不仅是知识分子，即使农民、工商业者，也都恪守一些人生信条，如“抬头求人，不如低头求土”，再如“饿死不做贼，气死不告状”等。在这种背景下，村里章、查、朱、王、汪、齐、丁、李、胡、谢等姓都有注重教育，培育子孙读书明理，成为有用人才的愿望。

这种风气的养成，约有如下原因：一是老观为移民群体，有不怕吃苦的开拓进取精神，同时，东西南北人杂糅在一起，有文化上的交融与再造性。二是由于港口的发达，在老观最先带来了商品经济观念，在与南来北往的商旅交往中，老观人的信息通畅了，见识也多了。三是由于风调雨顺，土地肥沃，一般年份，老观社会经济的发展和居民生活水平要好于周边地区。

据老鹳继年堂王氏宗谱介绍，自清中期至末期，在不到100年的时间里，王氏家族就出了3名秀才，1名登仕郎，多名业儒。废除科举制以后，又有多名法政专科、医药专科的毕业生。新中国成立前，老鹳开塾馆的有五六家，学生一直稳定在百人左右。1930—

1940年代，老鹳本地的教书先生有王赣臣、王少壁、章炳南、章济川、王培槐、王子香、汪万衡、汪万怀、胡谦和等，另从外地聘了王世恩、朱世范、胡永藩、吴昭铭等私塾先生。

新中国成立后，老观于1950年开始新式教育，开办了老观小学。当时一无校舍，二无师资，三无经费，是靠艰苦创业，借民房，招教师，筹资金，办起学校的。后来，由热心家长领头，自筹竹、木、柴、草，由家长轮流出工，自己动手，在村政府对面查仓场基上，搭起三间草房作为教室，学生由十余人增至近百人。教师不足，学校就动员本村辍学知识青年出任教师，采取分班复式教学。1951年冬，老鹳中心小学挂牌，被县政府教育科正式列入国家学校序列，随后县政府教育科又相继调配了多名教师充实师资力量，按时按标准发放工资。1955年上半年，老观小学在校学生达300余人，高小毕业生累计近百人。这批毕业生由于入学年龄较大，后来都成了工农业生产的骨干。与此同时，学校白天给小学生上课，晚上对成人开展扫盲教育，在大的自然村办起了成人识字班，满足了农民的文化需求。

在1950年代以后的20年间里，老观小学发展平稳，校舍逐步改善，基本满足教学需求。1998年后，上级教育部门加大了对学校危房的改造，老观小学砖瓦水泥结构的校舍达300多平方米。在教学设施上，配有实验仪器、实验室、图书阅览室、木质课桌椅等。在师资结构上，1990年代前，教师还是由公办、民办、代课教师混合组成，1998年后，通过民办、代课教师培训考试转正，调配新教师充实，教师队伍已全面变为公办性质。

自1975年开始，为便于适龄儿童上学，老观小学又增设了初中部，面向周边村庄招收新生，当年共收新生296名，这所“带帽子中学”连续办了多届。由于校风端肃，校纪严格，教育质量高，历年中考均有优秀学生产生。

进入 2000 年以后，由于城市教学质量上升，进城务工的家庭比例增加，老观子女就近到父母工作之地上学的多了，老观小学生源明显不足，初中部取消，小学办学由此转为守成之势（如下表）。

附 4

老观小学学生基本信息

年度	毕业生数	
	小学	初中
2016	19	/
2015	18	/
2014	15	/
2013	14	/
2012	23	/
2007—2011	132	/
2002—2006	118	/
1997—2001	132	98
1992—1996	146	407
1987—1991	168	421
1982—1986	173	417
1977—1981	191	152
1972—1976	177	146
1967—1971	153	108
1962—1966	135	/
1957—1961	112	/
1951—1956	67	/

附5

老观新中国成立初期的国民教育

王仲廉

白手起家初创老观小学

1950年春，正好是铜陵解放一周年，政治建设正在稳步推进，人民当家作主，经济建设也在恢复中，人民生活安定。文化建设也开始起步，开展工农教育，发展小学教育。五月中旬，铜陵县汀洲区文教专员崔先奇、校长朱世范来到老观村，传达汀洲区委区政府关于创办老观小学的意见，明确老观村村长朱敦煌兼校长，负责宣传和校舍安排工作，我负责教育和建设工作。我当时正在家疗养，表示服从区委决定，立即行动。朱敦煌与村干部商定，动用查家仓房，开设一个复式班，按照国家规定的教学计划开课，学生自带课桌椅。老观村的家长们奔走相告，纷纷送子女上学。如丁旭之父亲牵着孙子丁应求，李朝凯亲自送儿子李全新、李全华，王凤钗携带儿子章牛仙。那年年底，全校一个班共有1—4年级学生40余人，授课时长超过了20周。期末，汀洲学区鉴定为学生学习积极性高，成绩上升快，说教师真是“枵腹从公，任劳任怨”。

艰苦奋斗，创建中心小学

1951年，学生不断增加，插班生纷纷而来。上半年开两个班，下半年开三个班。校舍继续安排在查家仓房和正房内。课桌椅通过学生勤工俭学和教师资助，添置了一百多套。教师陆续增加了齐美南、齐宗望、夏可云、汪春茂、朱道忠、汪春红等。职工先是徐洲你，后继者为汪春培。这一年，学生人数超过百人，小学雏形初现。教学上执行国家规定教学计划，教学质量不断提升，赢得县区领导的赞扬和鼓励。

1952年春，又招收了一批插班生。如老观村的查日成、章尚谦、章尚兰、查日录、汪秀鸾，后埂的徐桐树、殷义为、谢富仁、谢富宽，老兴村的欧阳模、蒋克模、张联贵、张良美、张良璞、何启珍，观兴村的朱爱英、汪万熙、段爱菊、洪桂香，安平乡的谷金喜等。上半年四个班，下半年五个班（1—4年级各一个单班，5—6年级为一个复式班），学生人数超过二百五十人。经县文教科核查，批准为铜陵县汀洲小学第二中心小学，任命王仲廉为校长。此后，上级陆续又增派了一批教师充实学校师资力量。他们是，舒啸声、崔光渭、丁系元、王良玉、吴菊英、王展文、夏书功、查日茂等。至于教育经费，则全部由国家开支。校舍除查仓房外，借用了查全美、王心容家瓦房。

1952年下半年，经学校同老观圩内三个村负责人商定，成立由王仲廉、汪春红及三村负责人组成的学校建校委员会，并聘请丁鸣和当地一些有名望的长辈为顾问。校址由汀洲区委书记徐雅林亲自勘察，决定在汪春红家门前一块宽敞的平地上兴建，先盖草房校舍，木料由政府安排资金，学校采购。在政府和百姓的重视和支持下，一所500多平方米的草房新校舍（三栋九大间）于1952年冬天拔地而起。同时，老兴村、观兴村也开始筹办建立初级小学，由老观学区辅导。

奋力提高教育质量

1953年上半年，学生开始迁入草房新校舍上课，外地教师全部住校。学校严格执行教学计划，教学秩序正常。此外，学校还举办星期日教师进修班，全学区教师参加进修。主要是语文、数学、教育学三科，教材由国家编印，以自学为主，辅导教师为本校水平高的教师。

1954年春，学校教学设备日趋完善，教改热潮更加高涨。然而，1954年发生了夏季大洪水，老观圩溃破，洪水淹没了校舍。全校教职工立即行动，从草房顶上钻进去，把一百多套课桌椅打捞出屋，再全部运到城郊唐山峡山头，洗净晒干，搭棚储存，并派专人看护。随后，教师服从区村统一安排，随部分学生家长到朱村山区，借用当地民房，用土基搭课桌，用草蒲垫子当坐凳，坚持上课到8月初。洪水退后，学校回老观村复课。县文教科为此决定拨款七千多元，重建老观小学。

1954年8月下旬，学校开始筹备基建，派人到外地采购木材和砖瓦，工程由汀洲建筑公司承包建造，学校师生适当参加劳动。经过一年苦战，瓦房新校舍终于在1955年夏季竣工，建造瓦房校舍500平方米，厨房另建。

在解放初老观小学的五年里，完成了创建初小、扩建完小、筹建中心小学三阶段。学校全面贯彻党的教育分针，狠抓教育质量，以培养合格人才为己任，共有近百名学生毕业。他们有的参加了工作，有的考取了市县中学继续深造，在以后的国民经济建设中发挥了作用。

第九章 语 言

老观方言属于铜陵吴语区，学术上称为宣州吴语。宣州吴语主要分布在安徽省长江以南、黄山、九华山之间的十几个县市，尤以农村地区保留得完整。老观是保留较好的村庄之一。老观方言语音特点是古全浊声母，读时带有或强或弱的气流。与北方方言相比，在衣冠南渡后相对稳定，保留了入声和大量中古汉语词汇。用老观方言读起古诗词来，合辙押韵，颇有古风。

随着城镇化进程的加快和普通话的推广，同其他方言一样，老观方言正在迅速被边缘化，甚至有遗失的趋势。如今在老观，40 岁以上的人还可以说一口标准的老观方言，但其下特别是 2000 年后新生代，多以铜陵普通话进行人际交流。

附6

老观部分方言

勺叨：作秀；

搛：夹；

来事（si）：很好；

鲤鱼拐子：鲤鱼；

鲫鱼壳子：鲫鱼；

闷头鸡/老闷：性格内向的人；

人五人六：形容小人得志；

搭僵：形容一个人总是给他人带来麻烦；

关饷：发工资；

看角（ge）子：硬币；

能豆子：形容人办事有力；

一头塌的个一头抹的个：两头都没顾上；

扯忽/打闪：闪电；

癞痞蛄子：蟾蜍；

叶蝶子：飞蛾；

蚂蝇子：蚂蚁；

六谷子：玉米；

背搭子：背心；

茅司：厕所；

骨牌凳：一种方形板凳；

手捏子：手帕；

京味：形容人过分讲究；

脑颈把子：颈；
膝头钵子：膝盖；
俺金水：眼泪；
怄：后悔；
乌心烦躁：心中很烦闷；
七胡八胡：形容做事随便；
家爹爹家奶奶：外公外婆；
嗲嗲姆妈：爸爸妈妈；
姑姑：啊布；
双巴子：双胞胎；
内荆（家里、烧锅的）：妻子；
拽子：形容半身瘫痪的人；
掼（读宽，入声）倒：摔倒；
斫：劈开；
擗（读憋）：把水分挤掉；
拣（读赶）：遴选；
卡过去：跨过去；
清唏鬼叫：形容人发出噪声；
孬不腥哄：形容人愚蠢；
兴头瓜脑：形容人疯疯癫癫；
雀驳：刻薄无情；
蒙细得：很细；
屁轻得：很轻；
焦干的：很干；
切湿的：很湿；
毛软的：很软；
摸摸捏捏的：慢腾腾；

尖刀食：好吃佬；
搅毛的：讨厌鬼；
铁老得饱的紧的：很老/饱/紧；
翻滚的：很烫；
冰酣的：很凉；
温馊的：饭菜变质；
撇淡的：味道很淡；
嘣脆的：很脆；
黢黑的：很黑；
丰嫩的：很嫩；
摸蛆：做事很慢；
老鸡鸡：形容人自视甚高，不把他人放在眼里；
老滋老味：同上；
老个：老练；
结杠：身体结实；
奸：小气；
奸唠吧细：很小气；
中干：中间；
拿翘：赌气；
将将好：正好；
不搁人：与人关系很僵；
哈（上声）：质量次；
抛：吹牛；
熄火：形容一件事办砸了；
木骨：形容人固执，脾气内向暴躁；
清丝：干净漂亮；
现世：形容人没用；

阿达：啰唆，让人厌烦；
八隆：形容人固执愚蠢；
不次见：看不见；
张个猫：露下脸；
瓜栗子：用食指和中指并排弯曲，以敲击他人脑袋；
摊抛子：不听话的小孩；
小游子：游手好闲的人；
落苏：茄子；
茶册子：水壶；
引风作邪：形容人用夸张举动来博得他人注意；
二兴头：同上意思相近；
抄怀时个：语气词，表示对别人做错的事愤怒不满；
三木兹：有时候；
瓜淡：聊天；
过劲：有本事；
龙现：邋遢而不讲究；
好商子：询问几点；
假马的：假装；
奶们经：形容男人婆婆妈妈；
搅事：惹事；
看斤看两：正正好；
不翻作：不可能；
冒普子：大概差不多；
手欠：对捣乱行为的不满；
皮作痒：欠揍；
做糟：不讲究卫生；
洋忽：漂亮；

栀子花茉莉花：对他人故意拖延时间不满；
猴巴巴的：形容人急切；
抻朗：整齐；
实格格：结实而重；
泡货：吹牛的人；
拐落：拐角；
打春：立春；
火钵子：盛放炭火取暖的盆状容器。

歇后语

板凳头上放鸡蛋——危险；
土墙上贴春联——没门；
屎壳郎化斋——找死；
飞机上挂尿布——臭名远扬；
找不着庙门——乱磕头。

第十章　卫生体育

第一节　卫　生

老观自有人居住以来，到新中国成立以前，看病基本是中医。郎中多是通过拜师学医完成学业后，另立门户，开业行医，真正出身于杏林世家的极少。医疗范围仅限头疼脑热、感冒伤风等，大病要到县城或其他医院治疗。极少数人有祖传秘方如正骨技艺，也有乡村土郎中掌握了某种偏方，甚至还有巫医算卦，从意念上慰藉病人，消解病痛。行医方法或病者上门，望闻问切，开些中成药。若是病人卧床，须背着药箱上门行医。费用结算多是先挂账，到年底或麦熟时，以钱物抵扣。一般的小毛病不收钱，但病人家多会以鸡蛋等土特产相谢。新中国成立前，行医者主要有 2 家，为王华封、王采封兄弟 2 人。

妇女生产多仰仗于接生婆。到临产时，家人通知接生婆到场，烧水煮沸接生器具，再行接生。顺产后，家人则以鸡蛋染红，外加猪肉等礼品答谢。由于接生方法落后，婴幼儿死亡的比例较大，孕妇也偶有死亡的情况发生。

老观村于1955年左右成立村卫生所，行医者照例是本村农民，来源有两个途径：一是中医通过一定培训，转为西医，到卫生所上岗行医。二是由村里抽派知识青年到上级医疗机构、学校培训，再到卫生所行医。最先，医法以中医为主，西医为辅，后来西医逐步突出，以西医为主。1958年，老观成立高级合作社，由村集体经济支付卫生所运转、医疗器械购置和人员工资等费用，村民看病分担部分药费，大病需要转院的，由村卫生所开具转院单，治疗费用由村卫生所与病人分担。到1967年，合作医疗趋于正规化、标准化。

自人民公社成立到“文革”结束，行医者被称为“赤脚医生”，治疗以西医为主，部分项目为中西医结合。治疗范围为一般常见病、卫生防疫、传染病防治、生育保健、计划生育和血吸虫病防治等，治疗手段逐渐规范化，行医人员逐渐专业化，医治保健水平逐渐提高。这时候的医生有李时斌，于1970年代高中毕业回乡后，任乡村赤脚医生，后在老观成立恒威卫生所，医术精湛。再后有徐学文、王应修、朱根罗等3人。

合作医疗制度坚持到1979年，随着农村实行联产承包责任制，依附集体经济的合作医疗制度由于缺少资金载体，逐步走向消亡，村民看病全部转为个人负担。2000年后，随着国民经济全面好转，老观农村医疗一体化管理系统逐步建立、完善。其基本内容是，国家为乡村医疗提供一定比例的资金支持，村民每人每年缴纳医疗保险180元，门诊报销额度为15元/每人次；大病住院治疗入住镇卫生院，费用报销率为70%～80%；入住市以上医院的，报销率为75%；重大、特大病另有大病救助系统提供保障。这时候村卫生所的医生为查日昂；2009年后，由汪德懿夫妇接任，他们都是经县卫生局卫校专业培训，考试合格后上岗行医的。

自1992年起，铜陵县开始推行优生优育政策，将妇幼保健工作纳入全县国民经济和社会发展规划，老观村自此确定一名妇保员，负责本村优生优育母子系列保健保偿的实施与管理工作。其内容是，入保新婚夫妇、计划内孕产妇及计划内0～7岁婴幼儿均为保偿对象。入保对象可享受免费平产接生、免费孕产妇保健和儿童入户、入托、入园、入学手续。

第二节　血吸虫病防治

老观地处洲区，是血吸虫病流行的重灾区，1960年代前，感染人群多，以成人尤以成年男性为主，统称为“大肚子病”。一旦感染了血吸虫病，人便变得无力、消瘦、眩晕，慢慢发展为肝硬化、肝腹水，最后死亡。由于感染者多为下地干活的青壮劳力，对农村生产力的破坏极大。自1956年起，根据地方政府统一部署，老观采取积极防治政策，首先在江边、湖滩、池塘拉网式消灭血吸虫寄生的钉螺，堵住传染源头。在治疗上，自1960年代中后期，由市县派出医疗队，下乡蹲点，集中治疗，治疗对象为早期慢性病人。对于急性病人、晚期病人交由上级血吸虫病防治所或专门医院治疗。自1990年代后，根据上级政府“以人为本，因地制宜，综合治理，科学防治”的对策，除进行分层扩大化疗、加强健康教育、易感染带灭螺等方法外，还根据实情对江滩、洲滩、湖滩地区采用防治与资源开发相结合的办法治理。经40多年的努力，基本控制疫情。但后又有反弹，主要是家畜、耕牛感染血吸虫病后，粪便不能有效控制，给人带来感染。

第三节 体 育

农民向无体育习惯，老观亦然，多年来村民日出而作，日落而息。近年来，随着城市化进程的加快和人们生活水平的提高，又由于农村机械化的普及和土地流转的实施，农民体力劳动的强度大大减弱，自发体育锻炼的人越来越多。老观村民锻炼项目以散步为主，中老年妇女以广场舞为健身内容。2000年后，铜陵市、县体育管理部门为老观义务建设健身广场一个，安装了全套健身器材，如单双杠、压腱架、立式按摩器、双位弯背板、肩轴活动器等，但参与活动的人数少。

老观在体育事业上有所建树的为章立功，他于1970年代末进入沈阳杂技团，代表中国杂技界，先后多次赴多个国家访问演出。

第十一章　宗　教

老观地处江边，常有水患。在洪水决堤时，村民葬身鱼腹的事并不罕见，这养成了老观人信仰宗教的心理。老观宗教以佛教信仰为主，尤其信仰九华山地藏菩萨，因本地离九华山只有百里。每当洪水到来前，村民或在屋舍前后或田间地头烧香磕头，祈求菩萨保佑，安全度过汛期。重要年份，富裕大户还结伴进山烧香。

老观还有拜土地庙的传统，不少村民自发在自家田头搭一简易土地庙，供奉土地爷，每逢春节、清明、七月半、冬至，烧香祭拜，祈求五谷丰登。遇到疾病、丢失物品、生活不顺的情况，村民也会请本地跳大神、麻衣算相卜卦算命，祈求逢凶化吉。新中国成立后，随着破旧立新、破除迷信的群众教育运动，信佛一类的事情大为减少，但近年又有反弹的趋势，主要是求富的心理诉求。

老观还有极少人受基督教的影响。基督教传入老观当在清末到新中国成立以前，最早的传播已不可考，新中国成立后销声匿迹，但近年来在少数老年人中有部分市场。

更多的人在伦理上受儒家文化的影响，这种信仰有来自土地和时间上“春华秋实”的简单因果道理，更主要的是儒家思想多年潜移默化使然。

第十二章　习　俗

第一节　节令习俗

老观民风淳朴，村民安土重迁，乡村习俗主要围绕农事和生老病死进行的。主要节日和重大祭祀活动有：

一、小年

小年即腊月二十四。主要活动是“除尘”和“送灶”。因“尘”与“陈”谐音，扫尘象征着“除陈布新”，把一切陈旧的晦气统统扫地出门，无论是瓦舍还是草堂，都打扫干净，床帐被褥要彻底清洗。

“送灶”。过去农村以柴草为燃料，家家户户都有砖灶，比较规范的灶制是三大锅、两大吊。三大锅中，最大的在里面，专门烧水，中间的二号大锅煮饭，最小的锅在最外，为炒菜锅。两口锅之间都有一两个很深的铁制筒形水罐，称为“吊罐”，用来预热水，以节省能源。这样的大灶一定要有一组比较大的烟囱来排烟，所有的炊烟最后汇集到一个长烟囱里，直通屋顶。在烟囱的半腰设有一小神龛，为“灶王爷”的位置。也有人家将灶王之位设在厨房（铜陵人叫灶屋）的东墙或北墙壁上。在神龛里还画一张灶王爷的神像。有人怕灶王爷孤单，还画了一个“灶王奶奶”，这灶王爷便有了配偶。

送过灶王爷后，全家老小吃一顿好饭，小年的仪式就结束了。

本地有谚语，“腊月二十七，里外洗一洗；腊月二十八，上下擦一擦；腊月二十九，邋遢全搬走。”还有，“二十六，洗虿毒（虿毒，chài dú，一种蝎子类的毒虫）；二十七，洗老疾；二十八，洗邋遢。”小年以后的腊二十七、二十八，全家男女老少都要洗澡换衣，除去一年的晦气，迎接新年的到来。

二、除夕

又称三十晚，主要活动有，上午贴门神、对联，下午多数以户为单元，也有联户三五代直系亲属，在下午四五点举行祭祖活动，祭祀后各自回家吃年夜饭。约在六七点钟，各家举行接灶。接灶是一项庄重的祭祀活动，不摆鸡、鱼、肉等菜肴，要摆当年收获的五谷杂粮，焚香化纸，以求全家平安，万事如意。接灶以后，大人聚在一起品茶，谈古论今，包压岁钱等，并在各个房间、过道等处点燃灯火，以示光明幸福。

三、春节

俗称过年，正月初一，各家均起床很早，洗漱后，先在中堂香炉上焚香并叩头，然后开大门放鞭炮，并在大门前点燃一炷宝塔状匝香，其他如灶台、水井、禽舍等处，也都烧一炷香。事毕，再手提灯笼，带上香、鞭炮等祭祀品，到土地庙烧香叩拜。早点用过后，向邻居长辈拜年，相互祝福。

接待客人拜年时，主人家要摆上“桌货”，“烧茶”招待。“桌货”是待客糕点的统称，包括铜陵特产香菜、麻酥糖、方片糕、干山芋条、小炸、臭豆干、花生米、烧饼等。其中方片糕不可少，寓为客人步步高（糕）升。走亲访友都会带上一条方片糕，主人回礼，也会回一条方片糕，甚至原糕带回去，谓之“高来高去”。“烧茶”就是煮五香茶叶蛋，又名“元宝”，每个客人都要吃一个，意为“大家发财，金元宝滚滚来”。

春节有一定的禁忌。初一整天不扫地抹桌，不可向门外泼水，说是会引来“扫帚星”，把“财气”扫掉。过年不能乱说话，禁忌说“死”“瘟”“倒”“破”等不吉利语词，不能哭，认为哭是坏兆头，会招来凶祸。拜年要在门前或堂前，不能到里房，即使长辈或主人没起床，也不能造次。如果跑到未起床的长辈床前叩头，就是诅咒长辈。如有这种情况发生，可放炮仗，将来人赶走。初一忌讨债，因而讨债人多在年三十上门催债。

初二以后走亲戚，女儿、女婿要到岳父家拜年。进门时女婿一定要走在前面。民俗认为，新的一年开始，迎接的第一位客人必须是男人，能带来阳气，这一年就会兴旺发达，万事如意。

初三开始，可以出门倒垃圾，从除夕夜积累起来的垃圾在这天出清。

正月初七（又名上七）举行祭祖活动。

四、元宵节

俗称正月十五，一般不搞祭祀等活动，唯玩龙灯、吃元宵，有的年份则唱黄梅戏。这是热闹喜庆的日子。

五、二月初二

这一天又称龙抬头，是闹花灯的日子，闹花灯比起正月舞龙灯，敬神的气氛要淡很多。除花灯以外，还有挑花篮、舞云、竹马等活动，纯属喜庆玩乐。

六、清明节

主祭祖，不在家举行，备三碟或六碟荤素小菜，白酒一壶，香纸、鞭炮和用白纸剪出的纸钱等物，由长辈率下人上祖坟扫墓，也有野外踏青的性质。

七、端午节

为五月初五，又称端阳节，主要活动是门前插艾叶，早上吃粽子，中午喝雄黄酒。小孩系五色丝线，穿绣有“五毒”图案的花鞋和布兜，以此辟邪。

八、七月半

农历七月十五，各家各户备酒菜饭一桌，一般有鸡、肉、鱼和时鲜蔬菜十余碗，祭祀本家祖先，另煮稀粥一锅盛于水桶，整齐放在门前，待中午请祖宗以后，带上香、纸，肩挑稀粥，出门后沿大路泼洒，在静处烧化香、纸，以祭孤魂。

九、中秋节

八月十五，为团圆之日，也是“送秋”的日子。除送秋外，可以摸秋。彼时月圆，一家吃月饼赏月。有歌谣云：

好大月亮好卖狗，
捡个铜钱打烧酒，
走一步，喝一口，
问声奶奶可要小花狗？

要不要呀？
我要一只吧。

还有儿歌说：

月亮月亮粑粑，
照到奶奶家家，
奶奶身上痒痒，
我给奶奶抓抓。

十、九月九

为重阳节，是尊敬老人的节日。这种活动不普遍，只在有文化的人群中流传。

十一、冬至

也是祭祀祖先的日子，不一家一户祭祀，而是以一族为单元，每年按户轮流举行集体祭祀，由约定的轮值户，在堂屋东边，悬挂祖先容子。容子由宣纸糊裱，上画一世祖或本房祖先画像，下具各代已故人员名录。下午，本房户主集中举行公祭，祭奠完毕，焚香，化纸，集体用餐，以达尊敬祖先、和睦宗族的目的。

除上述传统节日外，老鹳还有一件祭祀活动——接观音，并非全村参加，限于里牛滩数十户人家，其事始于何时，已不可考。活动约在每年10月前后举行，由住户集体参加，时间为5天左右。起事前，由组织者先召开一次有大户人家参加的筹备会，商议由谁当值主办，确定时间、参加户数和收费标准，然后由主办人按时按标准缴费。在祭祀的5天里，要求集体就餐，除最后一餐开斋吃荤外，做法事期间，一日三餐，一律吃斋。法事活动中，大堂正中悬挂观世音和如来佛等画（图）像，两旁悬挂有十殿阎王，黑、白无常以及望乡台，奈何桥等画（图）像，庄严且恐怖。道士每日三次念经，超度过世的家人和亲友。最后一次活动是最后一天送火神，先由主办者在门前摆放香案、贡品，然后由道士做法事，念经、焚香、化纸，最后由一年轻道士手执法杖，法杖上粘贴纸扎火鸡，由念经道士发一声指令，年轻道士猛勇向江边急跑，后面由本村选出的青年壮士手拎一小桶清水，紧随其后，一路跑，一边向道士身上泼水，直跑到三余圩江边，道士将火鸡抛入江中为止。这时，全村男女老幼均驻足观望。

十二、送秋

在每年八月上旬举办，全村儿童按自然村集结，商议给当年结婚的青年“送秋”。尤其在里牛滩，因居住集中，每晚反复敲锣打鼓，练习唱“送秋”歌曲，至深夜方散，闹到八月十五日夜送完为止。中秋之夜，全村儿童（约 50 人左右）在“秋头”带领下，敲锣打鼓，逐一到当年结婚（含去年中秋以后结婚）的“新郎”“新娘”家，再闹一次新房。由“秋头”手捧银盘，银盘上放一棵鲜活的红心毛芋，俗称“芋子”（谐音为“遇子”），毛芋枝干上插满点燃的小红蜡烛，同时还要几样吉利应时糕点如方片糕、酥糖等。自进大门后，由“秋头”高唱自编的送秋歌，歌词是祝福和早生贵子等，一直唱到新房为止。然后将象征满堂红的红心多子毛芋放在新房，再次祝福幸福美满。最后由主人请儿童赴庭前饮茶吃点心，至此“送秋”一户结束。接着又送第二家。每年里牛滩新结婚的有四五对，有的年份多达七八对。

《送秋歌》唱完后，众人可进新房，将吉祥物放到新婚夫妻的床上，坐下玩耍。禁忌是，床上最多只能坐十三个人，因为“九子十三孙，福禄寿齐全”，“十三”是极限数。最好坐七人，因为“五男二女，七子团圆”，“七”为吉祥数。

十三、唱黄梅戏

一般在正月、二月或秋收以后十月间，此时年闲，手头宽裕，一般在白天唱，晚上老小行路不便。曲本有连台本戏，也有点唱剧目，主要演职人员为本村人，花费不多。黄梅戏在本地有群众基础，早在抗日战争以前，老鹳嘴（三个行政村）就有一个很有名的戏班子，生旦净末丑，管弦锣鼓，一应俱全，唱遍洲圩乡村。抗日战争胜利后，有新人出现，仍以村业余戏剧爱好者为基础，组成一个新剧团，一时唱遍全县。直到20世纪50年代后期，由于电影的普及而逐步被淘汰。

附7

《送秋》歌

八月十五天门开，
玉皇差我下凡来，
玉皇差我来，
我坐麒麟来。
一走一步踩金阶，
二走二步百花开，
三走三步花结果，
四走四步进房来。
走进房来看四边，
四边挂了四神仙；
走进房来看四角，
四块金砖垫床脚；
走进房来看四方，

四方一看花扬扬。
东边挂金鸡，
西边挂凤凰，
金鸡叫，凤凰鸣，
双手捧在床面前。
送你好男有五个，
送你好女有一双。
大郎当朝为一品，
二郎及第上皇榜，
三郎出入帝王家，
四郎骑马戍边疆，
五郎年纪最幼小，
每日专心坐书房。
大姐东宫为皇后，
二姐配与状元郎。
满门福禄，
五世其昌。

第二节　生活习俗

一、婚俗

老观过去婚俗须明媒正娶、三媒六证，男女双方经媒人说合，才能结成良缘。媒人可以主动传话，为男女牵线，也可受人之托，成人之事。新中国成立后破旧立新，提倡自由恋爱，这种婚俗多少有所破坏，也有一定保留，因家庭文化背景而异，但在总体上提倡自由结合，在婚礼上遵从传统习俗。

1. 谢媒礼

这笔钱由男家支付，如果入赘则由女方支付。钱多钱少，依经济状况而定，用红纸封好，称为红包。女方父母到男方家拜访，若不愿意接受男方款待，表明这门婚事多半难合，此时男方不可强留。女方父母通过观察男方家庭情况，将香茶一饮而尽，表明已经合意。

2. 聘礼

双方家长同意后，男方要下聘礼。聘礼与后来的“三金”、几大件不一样，颇有象征意义。在老观，老人们还记得用大雁做聘礼的事。

纳彩用雁有一定讲究。雁是候鸟，冬天飞往南方，夏季则生活在北方。实际上就等于告诉女方，男大当婚，女大当嫁，应该像雁那样适时选择定居之地。纳彩过后，女方收下礼物，男方请媒人持帖询问女方姓名，包括女子出身，是亲生还是收养，是正室还是继室所生，问清生辰八字，以算卦问卜，测算是否相配。若八字相合，才正式订婚，礼成之后，有“送日子”仪式。

3. 择日

男方择定完婚吉日良辰，让媒人告知女方，以备婚娶。择日与今天选择国庆、五一等节日不同，需要选双月双日，以祈福吉祥。二月二，四月八，六月六，八月八，腊八等，都是常选的日子。

4. 挽面

又称绞脸。按旧式风俗习惯，妇女只有结婚时才剃掉脸上汗毛，是为开脸。挽面者要选一名经验丰富的已婚女人，还要福禄双全，父母兄弟、姐妹子女俱全，事毕需封上谢礼。

5. 加冠礼

女子绞脸毕，接着上盖头，古称上头戴簪，就是男女两家各选一个黄道吉日，在各自家中同时举行加冠礼。男方在家宅正庭中设台，让新郎坐在上面，对着神与祖先灵位，请个好命人，从新郎后面给他梳三下头，再让他穿上结婚礼服，带上礼帽，祭拜天地与祖先，祈求结婚后子孙绵延不绝，万世其昌。

女方加冠礼与男方略有不同，在自家正庭中摆一香案，下面放一扁平竹篓，然后让女儿面向外坐在专用椅子上，象征着女方即将离开娘家。再由命好人梳头，插上象征女子成年的发髻。仪式完成后，穿上结婚礼服戴盖头，向天地祖先跪拜，给父母敬茶，父母喝完，也祭天地。

6. 沐浴

男女婚嫁前须沐浴。女子化妆打扮后，由小轿抬入新郎家。新娘进门由嘉宾将新娘迎至礼堂，与新郎并直向内行拜礼，接着相对交卺礼，礼毕，由喜娘领新夫妇入洞房，饮糖水泡红枣交杯茶。枣谐音为“早”，意为早生贵子。合卺后，尚有告祖及见舅姑等礼节。

7. 哭嫁

我国无论南北东西，都有哭嫁的习俗。本地哭嫁先由母女对哭，然后是姑嫂对哭，继而邻居的姑娘和青年媳妇前来陪哭。哭者和陪哭者都拿着手绢坐在床沿上，两人一仰一俯地对哭，直到新娘哭累了为止。哭嫁由来各有传说，就母亲而言，多是对女儿的前程无法预测。

8. 陪嫁

姑娘出嫁，娘家要置“嫁妆”。嫁妆按经济能力而定。过去主要是一套精致的盆、桶，老观人称为“子孙桶”，另有梳妆盒、衣物和床上用品等，近年来则以家电、轿车为首选。

9. 憋性子与闹洞房

老观还有把喜轿关在门外，暂时不让新娘进门的风俗，俗称憋性子，意思是把新娘性格憋的柔顺些。喜轿进门，撒谷豆，用意辟邪。撒谷豆是古老的习俗，寓为避邪驱祟。落轿后，新郎拍打喜轿三下，称：“桃花女破周公。”新娘下轿后，会踏在铺好的米袋上，旁有男童女童各一个，谓之金童玉女，他们一前一后，新娘走过一袋后，后面的就会把米袋从新娘头上丢到她前面，再由新娘踏上，以此类推。铺袋的两个人边铺边高叫，一袋（代）传十袋，十袋传百袋。走到庭堂后拜堂，一拜天地，二拜高堂，夫妻对拜。然后新郎新娘入洞房。新郎新娘坐在床边，新郎将自己的左衣角压在新娘右衣襟上，表示男人应该压女人一头。

民俗认为，“人不闹鬼闹”，盖因洞房中有狐狸、鬼魅作祟，闹洞房能驱除阴气，增强人的阳气。这是传统婚礼中不可缺少的环节。闹洞房期间，新郎要领着新娘作揖认亲，凡是男家亲友被拜见时，要给新娘红包做见面礼，叫“揖包”。同时，长者要拱手回半礼。闹洞房有三天，闹的人不分大小。

10. 回门

新娘婚后三天回娘家，称三朝回门，必须小夫妻俩一起回去，古叫“双人返”。新郎带礼品有米糕等土产品，包括根叶齐全的甘蔗两根、橘子和果子等。甘蔗可吃，但必须留下部分栽种，以便继续繁殖，象征子孙代代相传。新娘返婆家要带领路鸡，须一公一母的雏鸡，到婆家后不能杀，好好饲养，继续繁殖。

二、丧葬礼俗

1. 送终与搬铺

对于正常死亡，儿女子孙会早做准备，在死者临终前日夜守候，谓之送终。亲人去世后，由卧房移至正庭中临时铺设的板床上，称搬铺。男移正寝，女移内寝。男移正庭右侧，女移左侧。正庭被认为是最好的地方，死者死得安定。家中若有长辈，就不能移到正庭而是移侧庭。凡中年以上有配偶子嗣的，在弥留之前，要由搬铺者召唤家人，留遗言，分配遗物，预备办理后事等。人死后，在死者头边供饭，点香烛，烧银纸，意在供其食用及路费，并照明其行路。

2. 正寝

人死之后，家人将死者移到门板上，盖上被子。在靠近死者头顶的桌子上，摆上米饭，饭的上面放着一只鸡，米饭旁摆着香火和长明灯。尸身安置于灵床，谓之正寝。此后家人到四方亲友处报丧，共同商议治丧事宜。

3. 复礼与初哭

接下来是“复”礼，也就是招魂。一般是家人到屋上或高坡，朝祖先发源地呼唤死者。复礼是亲属希望亲人魂归的礼仪，其后还要检查死者的鼻息、脉搏。接着便是“初哭”。初哭是哭的开始，在确认亲人已经去世的时候爆发。

4. 入殓

入殓一般有陪葬品。一般家庭停丧时间短，主要亲友都会到来。妇人去世须等娘家来人验棺。如果关系没有理清，会有纠纷发生，俗称闹丧。寿衣俗称装裹、装老衣，一般在死者生前做好，通常选择闰月年做寿衣，寓意日子久长。寿衣质料一律为棉，不能用绸缎，因绸缎相连，“缎”与“断”谐音。鞋必须是布底，做出莲花图案，表示脚登莲台，成了正果。内衣不钉纽扣，只缝带子。因“纽子”和“扭子”谐音，不利于子孙。

5. 开光

接下来便是开光等仪俗。开光指死者长子为亲人擦拭面颊，亲友最后一次瞻仰遗容，揩拭时用筷子支一个湿棉球，依次擦眼圈、耳朵、鼻口，最后为死者擦脸。全体孝子瞻仰遗容后开始大哭，表示最后诀别。

6. 守灵、挽发与护柩

守灵，也叫护灵，把尸体放在灵床上，由死者家属（直系亲属）儿女、子孙、媳妇守候在灵床周围。死者开光后，钉上棺盖，孝子孝妇要把头发梢缠在钉子上，称为挽发，意思是，身体发肤受之父母，还之父母。待到大殓尸体入棺后，由血亲守灵，子女中长子为主，男左女右，按照辈分及年龄大小，从前到后跪地，答礼谢之，直到出殡，是为护柩。

7. 报丧

报丧由孝子做，这是出于对亲人去世的悲痛和对亲友的敬意。孝子报丧要穿丧服，戴孝帽，腰间扎孝带。到亲朋家门外，不可进门，等待亲友来迎，来者无论长幼，孝子都必须叩头。过去大家望族在报丧时写报丧帖，有一定格式，如：本家某爷或某人，恸于夏历X年X月X时寿终正寝，谨择于X月X日X时大殓，某日接生，某日出位，特此讣告，下款写明府邸和禀报人、收报人，姓名则以红纸条写好，贴在报表条的上端。

8. 尊礼成服

成服是指“盛服”，旧时丧礼大殓之后，亲属按照与死者关系的亲疏，穿上不同的丧服，叫“成服”，有五服之分。他人见到丧服，就知道服丧者与死者关系的远近亲疏，并能准确推知服丧人与死者的关系。

9. 吊唁

亲友来吊唁，要携带礼品或礼金。礼品有匾额、挽联、香烛、纸冥器等，有的也送祭席，桌上压大幅白色绸条，上书“XX老大人（老妇人）省飨”等字样。礼金用黄色、蓝封套装好，正中蓝签上写礼金的金额。亲友前来吊唁，至亲戴孝者跪拜迎接，再陪同至死者灵前，并伴以鼓乐仪仗。吊唁人先在灵柩前行四叩首礼，守灵孝子们还礼后，经礼宾人劝慰后，即到账房交礼钱。倘非至亲或是亡人长辈，则在灵前烧化几纸即可。

10. 送三

旧时民间传说认为，人死三天，灵魂正式到阴曹地府，或是他的灵魂被神、佛或神佛的使者金童玉女迎接去了。但民俗又认为，死者去世三天是灵魂离去的时候，为死者延请僧人念经礼忏，赎罪积德，便进天堂。所以也叫送三，或叫迎三。送三时必须备有以纸扎成的车马、箱子等，俗称“宝马素件”。

送三在黄昏时，和尚念经礼佛，然后由死者子女将车马送出门，到居所西边某特定地点烧掉，为死者赎罪，送他上天堂。故此称作超度、做斋或炼度。这种活动被人们认为是儿女报答父母养育之恩的举动。

11. 祭丧

要求规范仪仗，祭品摆设要丰富，按照戴孝者辈分大小依次祭奠。司礼者有，大唱先生，负责喊唱并指挥祭丧仪式全过程；引礼先生，带领主祭者跪拜叩头；还有司尊先生、习爵先生等。遵照唱者所唱，逐一进行，盥洗，上香，奠酒，跪叩，读祭文等，一切如仪。

12. 祭供

有三项，一是三叩首，进以茶、酒、饭等；二是六叩首，敬以茶、酒和各种素品；三是九叩首，进茶、酒及各种肉类食品。之后，戴孝者向亡灵作别，行鞠躬礼。

13. 出殡

传统丧礼出殡路上，有几项仪俗，如扬钱、摆茶桌、路祭等。出殡时由专人在前撒路钱，经过十字路口、河沿、桥梁、井、寺庙时要多撒钱，迷信说法是打发路边孤魂野鬼，但也有提醒亡灵记住回家路线的说法。路祭是指出殡所经之路供桌祭奠亡灵，到达墓地后，由阴阳先生用罗盘仪矫正方向，填土埋葬祭物。

14. 服丧

婴儿三岁，不离母怀，父母亡故后，孝子应还报三年。要反哭，反哭是指埋葬以后哀悼，子媳早晚必哭。迎七，是指自死者去世那天算起，每逢七天是一个周期，称“某七”，到七七四十九天，为满七。若这天恰逢农历初七、十七、廿七，就是犯七，死者有罪。孝顺子女要请道士做七，为死去的亲人销罪化灾。居父母丧须满三年，孝子以草荐为席，土块为枕，粗茶淡饭，不吃荤肉食物，不喝酒，不男女同房，不听丝弦，不洗澡，不剃头，不更衣。服丧期满后，找先生择日脱孝。脱孝日主家杀鸡，煮红鸡蛋，在死者灵位前烧香点烛祭奠。若是母亲服丧，要舅父来帮助剃头。至此，服丧期结束。

第十三章　百　艺

老观在1978年改革开放之前，以自给自足的农耕经济为主，除照明用煤油、牙膏食盐、衣料布匹、学习文具外，一般的生产工具、生活用品，都依靠本村或周边手艺人提供，由此产生了各种手艺人。大体可分为三类：生产工具类，生活服务类，文娱工艺类。

生产工具类的工匠主要是为农业生产服务的，兼顾生活需要，主要是铁匠、木匠、瓦匠、砖匠、篾匠等，近20年来，随着生产工业化、协作化、商业化的逐步深入，有些手艺渐渐萎缩，以至于消失。

老观木匠手艺人多，孩子学习上不去，家里会让他拜师学手艺，木瓦匠多为首选。谚语说，荒年饿不死手艺人。

一、木匠

以制作农具、家具、造船为通才，其次为精通某一用具的制作为专才。农具制作大到犁耙、牛车，小到镰刀、锄头的把柄。家具制作大到架设屋梁，制作棺椁，小到箱柜桌椅。老观多水，为防大水淹倒房屋，过去多以木材为架骨，承重房顶，再围以砖墙，俗称穿方屋。穿方屋骨架不能用铁钉，要靠木榫连接，这与制作棺椁相类，以避钉死之意。木匠做榫头的功夫如何，看他打的桌子、板凳。在老观，家家都有一张八仙桌，摆在堂屋正中。这既是展示木匠的手艺，也是家庭是否殷实的标志。另，板材是否名贵，纹理是否得当、美观，榫头、拼板是否严丝合缝，支架是否稳重、平整等，都是考量的要素。

二、造船匠

由木匠派生出来的有造船匠。造船技术要求高，工艺复杂，技术含量高，多是团队合作的产物，由领队、工程师、技工和辅助工组成。

三、箍桶匠

由木匠又派生出箍桶匠。老观未通自来水前，村民多以桶盛水。盛水的器物有提桶、脚盆、澡盆等，由此产生了一个特殊的职业箍桶匠。优秀的箍桶匠箍出的盆桶不仅不漏水，且圆满、扎实、美观，经久耐用。老观箍桶匠人少，多为富裕家庭所聘，普通人家以木匠代劳，“文革”后基本失传。

请木匠来家做活，要好茶好饭相待，每天后半晌还要有一顿茶饭，类似于点心，在老观多为一碗溏心蛋泡炒米。

2000 年以后，家具制作多工业化，房屋建设也普遍使用钢筋水泥，木瓦匠生计少了，大多数人转行到城市从事家居装潢业。

新中国成立前后，老观手艺精湛的木匠有章绍堂、江龙文、王玉山等。

四、瓦匠

又叫泥瓦匠，跟作业材料有关。随着房屋材料普遍使用钢筋水泥，瓦匠行业呈团队化趋势，分工细化，不仅有瓦匠，还有钣金工、设计师等。

五、砖匠

瓦匠之外，还有砖匠。过去农村做房多用土砖，以砖盒将泥巴脱为砖形，晒干、修整，即为土砖。近30年来，土砖渐为轮窑烧制的红砖或青砖代替。

老观砖瓦匠以查日晞手艺为佳，老观老屋，十有八九，由其建设。查日晞早年丧父，善于雕花砖、做房屋预算。

六、铁匠

过去铁匠市场大，大到农业上的犁、耙、锹，小到生活上的刀、铲、叉，都是本地铁匠的手艺，如今都变为向外采买。

七、补锅匠

由铁匠衍生出补锅匠。家家户户都有锅，锅烧通了，要有人补，补锅匠产生了。如今，生铁铸的老锅灶少了，用合金灶具的多了，且坏了再买一个，补锅匠的生意就没有了。

八、剃头匠

老观理发过去以上门服务为主，早晚或雨雪天，剃头匠就来了，一家大小依次理发，大人还额外还享受修面、掏耳朵等服务。剃头匠走村串户，见识多，故事多，说起来一大串，也是乡村一种文化享受。如今剃头匠已改为发廊，等客人上门服务。

无论木瓦匠、剃头匠，只要是本村人，都现场不收费，待年底一次性结清。

九、杀猪匠

杀猪匠多为兼职，平时做农业，过年或婚丧大事时才派上用场。有业务接了，杀猪匠刀具一裹，上门服务。杀猪匠无须拜师学艺，力气大，下手狠，练几次就可以操业，但收入不高，以猪下水或一刀猪肉抵工钱。杀猪匠在农村不被待见，有技术含量低、工作环境差的考量，也有杀生方面的禁忌。

“文革”期间，实行粮油副食品统购统销，禁止私自宰杀生猪，由食品站统一收购。

十、豆腐坊

老观多产黄豆，由黄豆加工成豆腐、豆干、生腐，是老观多年的传统，也是老观人手艺上的骄傲。在老观，家家都会做豆腐，做得精致考究。老观的豆腐以香、软、可口，货真价实而著称。然因豆腐易变质，难保存，便有豆腐坊出现。过去生活穷，家里来客人了，或有人生病了，多是买几块豆腐，改善一下生活。

十一、糖坊

老观制糖以麦芽糖为主，主料为本地出产的山芋，少数富庶家庭也用小麦和大米。老观制糖多在年关之前，主妇都会做，但有少数家庭也请手艺人来家做糖。糖饴熬成后，有三种用途，或及时做花生糖、炒米糖、芝麻糖等，或做麻酥糖、方片糕，或直接凝固成块，以备以后做欢团、月饼用。老观麻酥糖工艺精湛，香酥甜润，乌如黑缎，与顺安酥糖同有盛名。过去老观糖坊有多家，最著名的当属李全新家。

十二、弹匠

老观特产棉花，由此派生弹棉的手艺人也多于其他地区。弹棉花有季节性，多为冬季，为婚嫁喜事用。婚嫁是吉祥的征兆，弹棉匠来做活了，主人觉得光彩，对弹棉匠往往高看一等。过去在老观，被褥是陪嫁的主角，有四、六、八、十床之分，单条被褥有几斤几两的讲究，现在陪嫁则多以冰箱、洗衣机等家电为主。弹匠也兼来料加工，多为客户拎来几斤棉花，为家人冬季御寒做棉衣之用。

十三、裁缝

过去，老观裁缝多属上门服务，视情况，裁缝或雇主将缝纫机挑往雇主家，根据工作量做一天或数天。裁缝活也有季节性，一般在春秋换季前，秋季做夹衣和棉衣，春季做单衣和短衣，富庶的家庭则四季请裁缝做活，但在老观为数极少。

老观的裁缝以曹佐才、朱道原名气为大。朱当过新四军，离队后，学会一手好算盘。他手艺好，量体裁衣，可以不用尺子，眼睛一看，就知道大致数据。经他缝制的衣服，除了贴身之外，在款式上也领先于同行，这跟他有文化、见识多、懂审美不无关系。

十四、织布匠

在老观，上世纪五六十年代前，秋冬之夜，家家户户，都有主妇手工纺线，达到一定数量后，便请织布匠来家织布。此布俗称老布，与机制布匹相比，成本高，粗糙不美观，后逐渐淘汰。

十五、货郎

货郎在老观被称作“摇大鼓的”，计划经济年代属于灰色经济，明令禁止，但作为一种补充，在乡村有一定市场。货郎常挑一货担，内装各种小商品，从纽扣、麦芽糖、樟脑丸到老鼠药、针头线都有，收利微薄。货郎还兼废旧用品回收，收购种类有鸡毛、鸭毛、鸡内金、牙膏皮、废旧铁器等。乡村儿童攒了这些货物，亦可换回小糖、橡皮筋等。橡皮筋可自制玩具弹弓，尤为男孩所喜。

十六、唱戏

乡村难有娱乐，大多数地方视唱戏为不入流，但老观开化早，对唱戏持正面看法。老观唱戏历史由来已久。戏曲过去不可考，有传说是傩戏，近百年来则以黄梅、京剧为主。黄梅戏一般在正二月，也有在秋收以后，以白天唱为主。

老观最著名的黄梅戏演员为查昶，现已去世，他16岁（1956）就在大小戏中跑龙套，两年后登台主演，后被选入县剧团，成为当红小生。查昶经历坎坷，“文革”期间回乡，在乡村成立吹打乐队，为婚丧嫁娶服务。

在戏曲之外，老观还有其他文娱活动，舞龙灯、闹花灯是其一。舞龙灯在正月，以舞龙为主，闹花灯在二月初二，伴以挑花篮、舞云、竹马等。此外，手工工艺有剪花样编蒲团等。

老观百艺，还有其他末枝行当，如修伞匠、钉鞋匠、锁匠等，鉴于人数少，市场小，不一一赘述。

卷三　人物志

第十四章　人　物

老观地处江边，为水上要道，交通便利，商旅南来北往，拓宽了老观人见识。老观是移民村落，移民杂糅交融，增长了老观人智慧。几百年来，老观一直有读书的传统，由读书而成为专才的人数多，兹就典型人物予以记述。

第一节　人物传

王安澜　男，生于民国四年十一月（1915 年 12 月），卒于 1989 年 6 月 30 日。公自幼聪敏，善思勤学。民国二十二年（1933），经村里教书先生介绍，由铜、芜、繁县委批准，加入中国共产党，次年任柳州党支部书记，开展土地革命斗争。

抗战伊始，公在本地参加抗日武装，旋调皖南临江办事处敌讯科科长，后任新四军三团特派员、皖江财经委巡视员等职，随军北上后任团特派员。解放战争期间，负责三野解放军某部与地方政府之间的联络工作。公曾被捕囚于日伪监狱，敌对其威逼利诱，不为所动，严刑拷打，威武不屈，后成功越狱。抗战进入艰苦岁月，公遭家焚，一家三代，无家可归。老母茹苦一生，临终未得亲见，妻儿一别三年，音讯无达。

新中国成立后，任安徽省明光市市长，嘉山县公安局局长、社会部长，蚌埠铁路公安分局科长。1952 年，调铜官山矿务局选厂任厂长、党委书记，再任淮南水泥厂、安纺一厂筹委会主任、东方纸板厂厂长，宣城、芜湖行署经委副主任等职。

所任期间，社会建设处于初创期。公披星戴月，披荆斩棘，无怨无悔，所到之处，旧貌焕新。“文革”期间，公身陷牢狱，屡遭诽谤中伤，但始终相信组织，不趋炎附势，不见异思迁，不哗众取宠，不随波逐流。遇事深思，进退有度，不争辩，不放弃，有超然气度。1976 年粉碎“四人帮”后，公声名得以昭雪，恢复工作，不计得失，不计名利，扶持新进。公常年下农村，进工矿，与民同吃住，调查研究翔实，由是决策合乎情理与现实，为人拥戴。

王泽民　男，字勋周，号祖厚，生于民国十六年正月（1927 年 2 月），卒于 1995 年 1 月，享年 68 岁。

先生居汀洲老观嘴里牛滩，自幼丧母，家道贫寒，先后就读于本村塾师章济川、王世恩、王子香门下。1943 年，家国危亡，公含报国之志，投笔从戎。1945 年 8 月，公随新四军北上抗日，解放战争期间，被编为中国人民解放军第 24 军 72 师 216 团，任宣传干事、股长、连指导员，转战于江苏、山东等地，参加了孟良崮战役、淮海战役和渡江战役。南京解放后，公随军渡海，参加了解放舟山群岛及沿海岛屿战斗，多有战功。1950 年，随军入朝，参加抗美援朝，任营教导员、团协理员。1951 年，参加上甘岭战役，双耳为炮震聋，回国后在吉林安东浪头机场疗养，1952 年留浪头机场工作，1953 年调任东北空军干部学校，任飞行大队政委，1955 年授大尉军衔，1958 年随航校并入福建省福州某机场，1960 年转业至吉林，任冶金部吉林冶金电气化专科学校（地级）党委办公室主任（行政

15 级)。“文革”后，先后任副校长、党委副书记等职，1981 年离职休养。

王子福　男，生于光绪九年（1883），卒于 1952 年正月，享年 69 岁。先生生于诗礼之家，一生重仁义，循道德，重简朴，轻浮华，重友爱，轻朋党，重廉耻，轻名利，重诚实，轻虚伪。慎身守则，孝悌为先，处人务实，处事戒骄，行事九思，进退合适。

先生重农事，晚年虽不能锄一土、植一苗，却关心农事依然，常向后辈问及稼穑之事。先生亦不排斥商贾，开略有术，决断有谋，曾与人合伙开糟坊。农闲之余，经营面坊，上下二季，收购当地土特产，行商于芜湖、南京间，盈利微薄。

先生善治事。青壮即代父管家，井井有条。姊妹读书经商务农，各得其所。弟兄成家立业，仍执掌门庭，举全家之力，以农为本，诗书为常。先生曰，教子教孙须教义，儿孙读书必好男。

先生有一儿四孙，儿子务农，长孙做挂面手艺，次孙读书取功名，虽战乱亦冒险送二孙赴无为、芜湖读书，三、四孙虽年幼在家，亦不放任，本着“家教胜于师教，明理胜于做官”之念，自小灌输耕读思想。

先生为人正直，宽容大度，办事认真，与人为善。重情谊，睦邻里，不多事，肯吃亏。乡间借贷，时有发生，只要有求，多会应允，很少拒绝。农家农具，易坏易损，互通有无，亦不计较。虽辈分高，却不以老自居，与人商事，和蔼可亲，尤对邻里幼童，从不严苛。对自家子孙，严加管教，无事不嬉笑，不宴游，外出必禀报。全家大小，鸡鸣而起，洒扫庭院，各司其事，分之以职，责其成功，不得有违，不得散惰。

王用霖　男，名锦堂，生于光绪二十八年（1903），卒于 1980 年，享年 78 岁。

先生祖父王克家系晚清太学生。用霖公庭训甚严，明是非，知廉耻，有浩然正气。日侵月润，养成用霖先生路见不平拔刀相助之气。铁事甚多，传为佳话。

一曰民国三十六年（1947）夏闲之时，有青壮聚会于老观上夹口杜某家推牌九娱乐，输赢面小。恰值警察下乡催缴苛捐杂税，见钱眼开，遂以禁赌为由，申明没收全部赌资，首恶要带乡公所惩处云云。双方各执其词，难以了断，后由保长、乡绅从中斡旋，以参赌者各出数钱为茶水费了事。不想，公差酒足饭饱之余，竟起赌博之心，同来杜家邀赌。几番回合，有后生不奈输钱，提出散局，公差绝不肯散，双方又起龃龉，升级为殴斗。用霖先生恰好路过，喝住众人，静听陈述，一时怒不可遏，要求公差退还茶水钱，现场赔礼道歉。公差意欲仗势弹压，用霖先生调动乡人，以拳教训公差数人，将首恶押送游村，百姓无不拍手称快。

二曰民国三十七年（1948）正月，老鹳周边三村舞龙灯，为抢大户查仑大屋头香而起械斗。为避免打斗伤人，三方领事协商数次，终因人多嘴杂未果，一时群情激奋。约晚间子时，汀州乡公所接报，老鹳第八保有新四军活动，于是纠集一队警察前来弹压。因不知内情，又仗势蛮干，引起更大冲突。警察骑虎难下，鸣枪示警，局面更难把控。锦堂先生此时亦在其中，为防伤及无辜，他不顾安危，冲进人群，夺过一支长枪，朝地下狠狠一砸，一支步枪分为二段。有朱姓村民见状，如法炮制，砸断另一支长枪，群情就此转为平安。事后，经士绅、保长劝说调解，达成停止冲突协议，村民撤离现场。

锦堂先生慈悲心肠，每到农忙季节，帮助孤老贫困人家做活，从不计报酬。先生深明大义，仗义执言，邻里不睦，家中不和，都找他评理论事。先生判断不偏不倚，力促双方握手言和。老观刚一解放，他就带头送子参军，1952 年，其子牺牲于抗美援朝战争中。

王华封 男，字祝三，生于民国元年（1911），祖辈为书香门第，中医世家。曾祖王克胜，贡生，人称“善岐黄之妙，植橘树以惠群伦”。祖父王建中，业儒。父王奎照，安徽法政专科毕业，乡人亦称其为“学宗孔孟，术精岐黄，救人无数，惠及乡邦”。先生早年毕业于铜陵县医药研究所，秉承祖训，专攻中医。一家四代行医，人人敬业，救济生命，丕振家声。

先生为人正直，诚心孝友，秉性温良，躬亲俭素，学不怠荒。老鹳嘴周边四里八乡，凡有病人，首想便是华封先生。只要病家呼叫，他就不顾路途遥远，白天黑夜，晴天雨天，应声而去，从不为难病家。

先生看病有规矩二，一不当场受人吃请，二不当场收钱。他常说，家人有病，本来担惊受怕，再在人家吃饭，既不礼貌，又不方便，更不能当面索钱。经先生妙手回春的病人少说有千人次，尤以妇科儿科病医治见长，治愈率最高。新中国成立前，农村经济条件有限，环境卫生差，春夏之交，伤寒、疟疾、天花等时有发生。每在此时，先生披星戴月，日晒雨淋，走前村，赴后庄，废寝忘食，总不安生。

先生有弟名采封，县立医友训练班毕业，遵祖训成了中医，医术与先生不相伯仲，新中国成立前夕迁居安平，医德医风同样享誉故里，新中国成立后被政府聘为公职医生直至退休。

华封先生子孙兴旺，业有所成，有三子三孙，孙辈均为公职人员，从教从政，青出于蓝而胜于蓝。

汪春茂 男，生于民国十二年（1923），行二，姐妹各一。父母不识文字，耕作辛劳，省吃俭用，以供先生读书，寄望甚重也。

先生早慧，慧而定，定而性温。语无高声，言不孤傲，与人相处融融洽洽。读书十年归来，感叹村学颇荒，乃办学校。首批学生有王伯伦、王祥安、章家安、王用略、汪世琦等十余人，后来事业各有所成。

新中国成立后，先生办免费识字班，教成人识字。识字班都在晚间开课，为此先生极为劳顿，然他毫无怨言，兢兢业业，直到1952年8月。同年9月，先生受邀于王仲廉，任教于老观小学。时老观小学初创，无校舍，以借民房为用，先生不以为陋，兼任一到三年级教员，课堂为教员，课下为侍者，劈柴担水烧水，以供学子饮用，放学后还得烧饭、备课，批改作业。先生主教语文、数学，兼任体育、图画等课。为此自学绘画，竟喜爱山水花鸟国画，终生创作不辍。

先生形状，为人景仰，即便“文革”期间，村民亦不忍冲击先生。1978年，先生积劳成疾，病退，以强体养性为主，兼之悉心调养，体质大为改善，余暇学诗，作诗数百首。

第二节　人物简介

章八子　男，生于民国七年（1918），卒于2002年。章八子出身贫困家庭，早年从事革命斗争，新中国成立后响应政府号召，积极参加社会活动。1952年，领导农民兄弟办起互助组，被《皖南日报》介绍。

章黑你　男，生于民国七年（1918）。1941年参加革命，后随新四军北上抗日。抗战胜利后，为解放军某部七师司令部特务营战士。1949年4月在渡江战役牺牲，新中国成立后被评为革命烈士。其子章功勋，曾任原铜陵县人民政府办公室主任、县委统战部部长等职。

殷有点　男，新中国成立前任中共地下党交通站站长。1942年由于叛徒告密，不幸被捕，同年被日本鬼子杀害，牺牲地点在汀洲村，当时共有 18 人牺牲。

齐美南　男，1927 年生，1998 年去世。9 岁读私塾，高小毕业。1949 年，老观解放，任村文书，后在老观嘴供销社工作。1951 年，任老观小学教师，分别在铜陵县各校先后任语文教研组长、教导主任。1961 年任老观小学校长，1967 年任太平五七中学主任，1984 年又任老观小学校长，同年退休。

章尚宽　男，生于民国十六年（1927）。1950 年 12 月参加工作，1954 年 5 月加入中国共产党，历任铜陵县老观乡副乡长、粮食局干事、湖城乡团委书记、新桥公社组织部长、大通公社党委副书记、董店公社党委书记、农林办副主任、铜陵市郊区党委副书记兼革委会主任，铜陵县农办主任、农工部部长、县政府顾问等职。1990 年 12 月退休。2015 年 7 月 19 日去世。

王熟善　男，生于民国二十二年（1933）。1949 年春，参加中国人民解放军县大队，1950 年奉命赴朝参战，在上甘岭战役牺牲。

第三节　人物表

（以姓氏笔画为序）

丁　杰　1963 年 5 月生，1983 年毕业于兰州铁道学院，国家注册一级结构师，曾任铜陵市建筑设计院高级工程师、副院长，铜陵市建筑设计院有限公司总经理；现任安徽山水城市设计院有限公司总经理、铜陵市建筑学会副会长、工程造价学会副会长。

王文浩　男，1970 年生，曾任铜陵县钟仓乡副乡长、县交通局副局长、县统计局局长，现任义安区发展和改革委员会主任、党委书记。

王开春 男，1962年生，曾任铜陵市市政工程处干事，市委组织部副科长，铜官山区委常委兼组织部长、区委副书记、区政协党组副书记兼副主席，市人力资源和社会保障局党组成员、调研员等职。

王仲伦 男，生于民国三十二年（1943），曾任芜湖市中国人民银行出纳科长、工会主席、副调研员。

王仲廉 男，生于民国十七年（1928），1949年7月参加工作。历任芜湖市干部学校学员、市公安大队文书，铜陵县老观小学校长，铜陵市兴隆小学校长、二中教导主任、第四中学校长，铜陵市教育局科长、副局长，铜陵市教育委员会督导员等职。1988年10月离休。曾任铜陵市诗词学会副会长，《五松山诗词》副主编、主编。

王佑铭 男，1957年生，辽宁工程技术大学经济系硕士，现供职于吉林市委政研室。

王华光 男，1954年生，安徽师范大学美术系毕业，副教授，市音乐家学会原副主席，音乐作品“铜草花”获安徽省五个一工程奖。

王 杰 男，1989年9月生，中国人民大学硕士，现在上海工作。

王明光 男，生于1949年5月，长沙交通学院毕业，曾任池州、芜湖汽车运输公司经理，芜湖市交通局局长、党委书记，芜湖市直机关工委书记，芜湖市人大常委、专委会主任等职。

王勔功 男，1988年7月生，重庆交通大学学士、河海大学硕士，现在国家交通部工作。

王祥生　男，安徽大学经济系毕业，经济学学士，无党派。曾任铜陵市司法局局长、食品药品监督管理局局长，铜陵市第十五届人大常委会副主任，现任政协铜陵市委员会副主席。

王雪珊　女，1984 年 4 月生，北京大学金融系学士，新加坡国立大学工商管理硕士，现供职于深圳招商银行。

王紫梁　男，1984 年 8 月生，北京大学经济系硕士，现供职于北京市出入境检验局。

王梦蔚　女，1990 年 4 月生，江苏第二师院学士、河海大学硕士，现就职于江苏第二师范学院。

齐文革　男，1987 年毕业于安徽大学，曾任铜陵市计生委办公室主任、铜陵市委宣传部宣传文艺科科长，现为铜陵市委宣传部副调研员。

齐新民　1960 年生，1980 年 7 月毕业于铜陵师专，1985 年毕业于安徽教育学院数学系，现为铜陵市人民警察学校校长。

齐索之　齐新民之子，生于 1990 年 7 月 10 日，2010 年毕业于南开大学，2016 年毕业于美国印第安纳大学，伯明顿分校生物学博士，2017 年毕业于美国莱斯大学计算机系，获硕士学位。现就业于美国西雅图。

齐彩玲　女，1988 年毕业于安徽建工学院，现为铜陵市营造集团工会主席。

朱小四　1965 年参军，1975 年转业到湖北省宜昌市，后任宜昌市税务局局长。

朱国正　男，1973 年 6 月生，17 岁外出谋生，对古董兴趣浓厚。2005 年，成立劳务工程队，承揽土石方、园林绿化工程等。2007 年成立安徽国盛建筑工程有限公司。2012 年成立安徽首家民间博物馆——铜陵市国盛民俗博物馆，馆藏一万多件。2013 年，转型进军文化旅游产业，开发了铜陵漫园、九华神龙谷、天下粮仓等一系列旅游景点及配套设施。

吴德义 男，博士，浙江大学文学院党组书记、教授、博士生导师。

李全庆 男，50 年代参军，正团级，军械兵器专家，曾获部队嘉奖。转业后任铜陵机车工厂纪委书记。

李必文 男，大学毕业仅两年，便升任铜陵苎麻二厂织造车间主任。1996 年赴深圳，受聘于深圳先科集团，任车间主任、副总裁，分管技术和生产，是公司多个项目的负责人。2010 年，成立深圳朝凯机电有限公司，从事新型科技材料的推广和销售。

李时斌 男，70 年代高中毕业回乡后，任乡村赤脚医生，常送医送药到田埂地头和社员家中。1995 年，在老观成立恒威卫生所，悬壶济世，医术精湛，方圆几十里患者慕名求医。

汪世义 男，1941 年生，1963 年毕业于安庆水电学校，水利工程高级工程师，1984—1985 年，赴伊拉克参加铁路讯号工程建设，2001 年退休。

周　红 女，上海广播电视大学毕业，2000 年，创办铜陵宏愿 2000 职业培训学校，2013 年成立安徽铜草花现代农业科技有限公司，任董事长，获国家级创业基地，2016 年获国家级创业导师，2017 年被选为安徽省人大代表，任安徽省网商协会副会长，铜陵十大创业之星。

周　勇 男，1978 年生，安徽师范大学毕业，2002 年入伍，现在广东梅州解放军某部任副团长。

查日田　男，1965 年 1 月生，安徽医科大学硕士，现为芜湖市弋矶山医院主任医师。

查鸿岸　男，1988 年 10 月生，复旦大学经济系硕士，现在中国交通银行上海浦东支行工作。

查德银　男，1964 年 3 月生，安徽师范大学汉语言文学系高教自学考试毕业。1983 年在铜陵供电局（2003 年 8 月 1 日改名为铜陵供电公司）参加工作至今，连续 6 年被安徽省电力工业系统评为新闻宣传先进个人。

胡义红　毕业于上海同济大学，现任深圳市地铁公司副总经理。

徐玉林　男，1963 年生，1985 年毕业于合肥工业大学水利工程系，先后任铜陵县水利局工程师，铜陵县长江河道管理局副局长、高级工程师，铜陵市义安区机电管理站站长。

章国平　男，生于民国三十五年（1946）。初中文化。1968 年参加中国人民解放军，历任班、排、连、营长等职，后转业到铜陵市国税局任科长、副调研员等职，2006 年退休。

章　颍　女，1986 年 8 月生，安徽大学硕士，现在安徽省税务局工作。

谢　俊　1998 年毕业于华东冶金学院，现任铜陵市慧智机电有限责任公司总经理。

附 8

老观村常住户口名录

（截止到 2016 年 12 月）

姓　名	街路巷	与户主关系
姚海美	老观村老观一组	户主
查从国	老观村老观一组	户主
张云翠	老观村老观一组	配偶
查　琦	老观村老观一组	子
查金建	老观村老观一组	户主
姚鲜霞	老观村老观一组	配偶
查　蒙	老观村老观一组	女
杜小乐	老观村老观一组	户主
裴银娥	老观村老观一组	母亲
查群敏	老观村老观一组	户主
查　凯	老观村老观一组	子
查　蓓	老观村老观一组	女
章功勤	老观村老观一组	户主
李彩霞	老观村老观一组	配偶
章　聪	老观村老观一组	子
杜扣宝	老观村老观一组	户主
杜娟果	老观村老观一组	二女
查从荣	老观村老观一组	户主
周正姐	老观村老观一组	配偶
查　星	老观村老观一组	长子
查　玉	老观村老观一组	长女
王继平	老观村老观一组	户主

何凤霞	老观村老观一组	配偶
王　力	老观村老观一组	长子
汪顺英	老观村老观一组	户主
查从军	老观村老观一组	户主
王海琴	老观村老观一组	配偶
查　鑫	老观村老观一组	子
陈小菊	老观村老观一组	母亲
杜陵平	老观村老观一组	户主
丁光芬	老观村老观一组	配偶
杜　慧	老观村老观一组	女
杜世平	老观村老观一组	户主
崔带莲	老观村老观一组	配偶
杜　帆	老观村老观一组	子
杜中庆	老观村老观一组	户主
崔冬梅	老观村老观一组	配偶
查文胜	老观村老观一组	户主
章　伟	老观村老观一组	户主
谢翠兰	老观村老观一组	配偶
夏翠英	老观村老观一组	配偶
查金娣	老观村老观一组	二女
查从俭	老观村老观一组	户主
曹旺梅	老观村老观一组	配偶
查素雅	老观村老观一组	长女
查素红	老观村老观一组	二女
章来喜	老观村老观一组	户主
马中秀	老观村老观一组	长女
章贤明	老观村老观一组	户主
朱桂菊	老观村老观一组	配偶
章玉雯	老观村老观一组	女

章尚安	老观村老观一组	户主
许梅香	老观村老观一组	配偶
章祝进	老观村老观一组	长子
章祝新	老观村老观一组	次子
查从义	老观村老观一组	户主
汪来香	老观村老观一组	配偶
查　杰	老观村老观一组	长子
查　准	老观村老观一组	次子
查治海	老观村老观一组	户主
陈红花	老观村老观一组	配偶
查金刚	老观村老观一组	户主
孙玲玲	老观村老观一组	配偶
查荣豪	老观村老观一组	子
查治龙	老观村老观一组	户主
罗菊花	老观村老观一组	配偶
章金娥	老观村老观一组	配偶
查群进	老观村老观一组	次子
查纯悦	老观村老观一组	孙女
杜振平	老观村老观一组	户主
查从勤	老观村老观一组	户主
丁治龙	老观村老观一组	户主
肖习枝	老观村老观一组	配偶
章银珍	老观村老观一组	户主
章松林	老观村老观二组	户主
唐荣花	老观村老观二组	配偶
章　丽	老观村老观二组	女
章　清	老观村老观二组	女
章小喜	老观村老观二组	户主
谢文东	老观村老观二组	子

毛文凤	老观村老观二组	儿媳
谢　俊	老观村老观二组	孙子
谢富国	老观村老观二组	户主
汪兰英	老观村老观二组	配偶
谢明生	老观村老观二组	子
吴德礼	老观村老观二组	户主
丁文秀	老观村老观二组	配偶
吴莹莹	老观村老观二组	二女
谢富正	老观村老观二组	户主
章荷英	老观村老观二组	配偶
谢文明	老观村老观二组	长子
章晓英	老观村老观二组	儿媳
谢昊天	老观村老观二组	孙子
王世恩	老观村老观二组	户主
张宝你	老观村老观二组	配偶
王继正	老观村老观二组	子
王继忠	老观村老观二组	长子
王静怡	老观村老观二组	孙女
查日旺	老观村老观二组	户主
周玉萍	老观村老观二组	配偶
查从瑞	老观村老观二组	子
查灵燕	老观村老观二组	长女
查日刚	老观村老观二组	户主
魏爱萍	老观村老观二组	配偶
查玲丽	老观村老观二组	长女
查玲珑	老观村老观二组	二女
查小乐	老观村老观二组	户主
苏玉霞	老观村老观二组	配偶
查君阳	老观村老观二组	子

查君媚	老观村老观二组	长女
查雪琴	老观村老观二组	二女
查日昂	老观村老观二组	户主
陶小莲	老观村老观二组	配偶
查君喆	老观村老观二组	孙女
查日敬	老观村老观二组	户主
裴祖梅	老观村老观二组	配偶
查　鹏	老观村老观二组	长子
查树生	老观村老观二组	户主
钟凤子	老观村老观二组	配偶
查日平	老观村老观二组	户主
朱美玲	老观村老观二组	配偶
查　校	老观村老观二组	子
吴德仁	老观村老观二组	户主
张秀莲	老观村老观二组	配偶
吴　优	老观村老观二组	长女
吴会琴	老观村老观二组	二女
吴惠艳	老观村老观二组	三女
吴建敏	老观村老观二组	户主
杨　欢	老观村老观二组	配偶
吴可馨	老观村老观二组	女
邢芸芝	老观村老观二组	户主
王　勉	老观村老观二组	户主
周宗云	老观村老观二组	配偶
王　剑	老观村老观二组	长子
李全跃	老观村老观二组	户主
王翠芳	老观村老观二组	配偶
李　娜	老观村老观二组	长女
李　超	老观村老观二组	三女

查建材	老观村老观二组	户主
周凤凰	老观村老观二组	配偶
查小群	老观村老观二组	长女
查瑶瑶	老观村老观二组	二女
查建亚	老观村老观二组	户主
洪　静	老观村老观二组	配偶
查一唯	老观村老观二组	子
董海陵	老观村老观二组	外孙女
韦小友	老观村老观二组	母亲
查迎胜	老观村老观二组	姐姐
查朝阳	老观村老观二组	户主
查　梅	老观村老观二组	女
查小虎	老观村老观二组	弟
王　东	老观村老观二组	户主
张月霞	老观村老观二组	配偶
王　涛	老观村老观二组	次子
王亚燕	老观村老观二组	长女
徐美你	老观村老观二组	户主
王永红	老观村老观二组	次子
丁燕会	老观村老观二组	儿媳
王小雨	老观村老观二组	孙女
汪姣你	老观村老观二组	户主
章海洋	老观村老观三组	户主
俞瑞芳	老观村老观三组	配偶
章冰姿	老观村老观三组	女
谢翠兰	老观村老观三组	户主
王金堂	老观村老观三组	户主
杜跃松	老观村老观三组	户主
梅月霞	老观村老观三组	配偶

杜　康	老观村老观三组	子
杜　朦	老观村老观三组	女
章腊庆	老观村老观三组	户主
吴巧娥	老观村老观三组	配偶
章海滨	老观村老观三组	次子
章铭睿	老观村老观三组	孙子
章铭鸣	老观村老观三组	孙子
江三妹	老观村老观三组	户主
胡水英	老观村老观三组	配偶
江春兵	老观村老观三组	长子
丁昌霞	老观村老观三组	儿媳
江　倩	老观村老观三组	孙女
江　健	老观村老观三组	孙女
丁末会	老观村老观三组	户主
章林罗	老观村老观三组	配偶
丁浩亮	老观村老观三组	子
章　鹏	老观村老观三组	户主
裴　莹	老观村老观三组	配偶
章　骏	老观村老观三组	户主
方爱香	老观村老观三组	配偶
方　芳	老观村老观三组	女
章广中	老观村老观三组	户主
崔玲凤	老观村老观三组	配偶
章成栋	老观村老观三组	子
章尚琨	老观村老观三组	户主
丁　侪	老观村老观三组	配偶
章光华	老观村老观三组	户主
查苗苗	老观村老观三组	配偶
章　泽	老观村老观三组	女

章乐意	老观村老观三组	户主
章　尊	老观村老观三组	子
章小龙	老观村老观三组	户主
胡秀霞	老观村老观三组	配偶
章　豪	老观村老观三组	子
章道平	老观村老观三组	户主
童小姑	老观村老观三组	配偶
章海燕	老观村老观三组	长女
章海鸥	老观村老观三组	二女
章和平	老观村老观三组	户主
唐玉珍	老观村老观三组	配偶
章美琳	老观村老观三组	女
章　玲	老观村老观三组	长女
章贤乐	老观村老观三组	户主
盛有凤	老观村老观三组	配偶
章　翅	老观村老观三组	子
汪金你	老观村老观三组	户主
章小罗	老观村老观三组	户主
章贤玉	老观村老观三组	户主
江　兵	老观村老观四组	户主
李海英	老观村老观四组	配偶
江　涛	老观村老观四组	子
汪武生	老观村老观四组	户主
徐爱梅	老观村老观四组	配偶
汪　伟	老观村老观四组	女
汪　婷	老观村老观四组	二女
章根水	老观村老观四组	户主
朱侨娣	老观村老观四组	配偶
章应生	老观村老观四组	长子

袁七荣	老观村老观四组	儿媳
章　翔	老观村老观四组	孙子
章圆梦	老观村老观四组	孙女
查日林	老观村老观四组	户主
程翠娥	老观村老观四组	配偶
查从华	老观村老观四组	子
查　然	老观村老观四组	孙子
尹祥宝	老观村老观四组	户主
江　东	老观村老观四组	次子
王小珍	老观村老观四组	儿媳
江浩文	老观村老观四组	孙子
汪正月	老观村老观四组	户主
李时忠	老观村老观四组	户主
李时金	老观村老观四组	户主
汪菊芳	老观村老观四组	配偶
李　浩	老观村老观四组	长女
李时松	老观村老观四组	户主
周光会	老观村老观四组	配偶
李书成	老观村老观四组	子
张凤英	老观村老观四组	户主
李根花	老观村老观四组	户主
朱佾娣	老观村老观四组	配偶
李迎春	老观村老观四组	四女
宋禹辰	老观村老观四组	外孙子
宋　悦	老观村老观四组	外孙女
查日进	老观村老观四组	户主
裴志芳	老观村老观四组	配偶
查　丹	老观村老观四组	女
查　晨	老观村老观四组	女

查日盛	老观村老观四组	户主	
徐小凤	老观村老观四组	配偶	
查从飞	老观村老观四组	子	
李全华	老观村老观四组	户主	
陈爱娣	老观村老观四组	配偶	
李全发	老观村老观四组	户主	
俞锁宝	老观村老观四组	配偶	
阮菊香	老观村老观四组	户主	
章尚奇	老观村老观四组	户主	
丁应芝	老观村老观四组	配偶	
章古稀	老观村老观四组	长子	
章雨凡	老观村老观四组	孙子	
章雨轩	老观村老观四组	孙女	
章毛头	老观村老观四组	户主	
许美平	老观村老观四组	配偶	
赵培英	老观村老观四组	户主	
汪小龙	老观村老观四组		20150719 入
朱坤鸿	老观村老观四组		20150720 入
汪永生	老观村老观四组	户主	
焦月霞	老观村老观四组	配偶	
汪鑫成	老观村老观四组	子	
汪樱艳	老观村老观四组	女	
李应果	老观村老观四组	户主	
李浩成	老观村老观四组	子	
李书锐	老观村老观四组	子	
李忠义	老观村老观四组	户主	
李书通	老观村老观四组	子	
李　武	老观村老观四组	户主	
李伟杰	老观村老观四组	子	

查日晞	老观村老观五组	户主
汪秀你	老观村老观五组	配偶
徐梅芬	老观村老观五组	户主
王应高	老观村老观五组	长子
殷义珍	老观村老观五组	儿媳
王昌健	老观村老观五组	孙子
查日昉	老观村老观五组	户主
章春红	老观村老观五组	配偶
查从庆	老观村老观五组	户主
王应制	老观村老观五组	户主
王时兵	老观村老观五组	户主
刘春姐	老观村老观五组	配偶
王应超	老观村老观五组	长子
王小四	老观村老观五组	户主
耿五妮	老观村老观五组	配偶
王　强	老观村老观五组	子
王小丹	老观村老观五组	长女
王贝贝	老观村老观五组	二女
王德才	老观村老观五组	户主
章红梅	老观村老观五组	配偶
王应鹏	老观村老观五组	子
钟美根	老观村老观五组	户主
王　旭	老观村老观五组	户主
丁友萍	老观村老观五组	配偶
王昌新	老观村老观五组	长子
王昌良	老观村老观五组	次子
王桂生	老观村老观五组	户主
王荷花	老观村老观五组	配偶
王　正	老观村老观五组	子

查金猴	老观村老观五组	户主
戴万芬	老观村老观五组	配偶
查鹏程	老观村老观五组	子
查从新	老观村老观五组	父亲
王跃进	老观村老观五组	户主
周述姐	老观村老观五组	配偶
王　涛	老观村老观五组	长子
王　奇	老观村老观五组	次子
邵玉婷	老观村老观五组	儿媳
王子涵	老观村老观五组	孙女
丁惠你	老观村老观五组	户主
汪素英	老观村老观五组	儿媳
王秀山	老观村老观五组	户主
戴桂芳	老观村老观五组	配偶
王　堃	老观村老观五组	子
王时太	老观村老观五组	户主
查小妹	老观村老观五组	配偶
王　华	老观村老观五组	二女
李依伊	老观村老观五组	外孙女
查从印	老观村老观五组	户主
章友你	老观村老观五组	配偶
查金刚	老观村老观五组	次子
查小六	老观村老观五组	户主
杜桂芳	老观村老观五组	配偶
查丽丽	老观村老观五组	二女
查从林	老观村老观五组	户主
朱金莲	老观村老观五组	配偶
查　青	老观村老观五组	女
查　露	老观村老观五组	女

王幸福	老观村老观五组	户主
查银枝	老观村老观五组	配偶
王羚羊	老观村老观五组	子
王　寒	老观村老观五组	二女
包子锐	老观村老观五组	外孙子
管小柳	老观村老观五组	户主
王羚核	老观村老观五组	子
程玉保	老观村老观五组	配偶
杨荷花	老观村老观五组	户主
王永生	老观村老观五组	户主
王梦琳	老观村老观五组	女
查金棒	老观村老观五组	户主
汪珍丽	老观村老观五组	配偶
查汪洲	老观村老观五组	女
王应桂	老观村老观五组	户主
郜连英	老观村老观五组	配偶
王德胜	老观村老观五组	户主
肖梦芳	老观村老观五组	配偶
王秀静	老观村老观五组	长女
王文静	老观村老观五组	二女
王三反	老观村老观六组	户主
杨翠兰	老观村老观六组	配偶
王　明	老观村老观六组	子
王代你	老观村老观六组	户主
王希望	老观村老观六组	户主
汪爱英	老观村老观六组	配偶
王雪元	老观村老观六组	三女
王小红	老观村老观六组	户主
查秀林	老观村老观六组	配偶

王　雨	老观村老观六组	子
王宇航	老观村老观六组	女
王向东	老观村老观六组	户主
章尚新	老观村老观六组	户主
汪翠珠	老观村老观六组	配偶
章贤佐	老观村老观六组	户主
孙凤珠	老观村老观六组	配偶
章胜利	老观村老观六组	户主
许云会	老观村老观六组	配偶
章成建	老观村老观六组	子
刘牡丹	老观村老观六组	户主
章功进	老观村老观六组	次子
章碧菡	老观村老观六组	孙女
查爱你	老观村老观六组	户主
章功青	老观村老观六组	三子
杨红燕	老观村老观六组	儿媳
章凌风	老观村老观六组	孙子
王小虎	老观村老观六组	户主
王素英	老观村老观六组	配偶
王　磊	老观村老观六组	子
王四清	老观村老观六组	户主
丁秀花	老观村老观六组	配偶
王璐娟	老观村老观六组	女
王倩倩	老观村老观六组	女
周龙英	老观村老观六组	配偶
王伟正	老观村老观六组	次子
王元喜	老观村老观六组	户主
孙芬枝	老观村老观六组	配偶
王婷婷	老观村老观六组	二女

王心荣	老观村老观六组	户主
查日先	老观村老观六组	户主
刘巧莲	老观村老观六组	配偶
王白毛	老观村老观六组	户主
王应兵	老观村老观六组	户主
章功发	老观村老观七组	户主
王小琼	老观村老观七组	配偶
章俊蓓	老观村老观七组	女
章贤新	老观村老观七组	户主
赵珍英	老观村老观七组	配偶
章桂芬	老观村老观七组	户主
章功金	老观村老观七组	户主
张菊红	老观村老观七组	配偶
章俊豪	老观村老观七组	子
章新生	老观村老观七组	户主
杨正英	老观村老观七组	配偶
章开荣	老观村老观七组	长子
章　涛	老观村老观七组	次子
章国民	老观村老观七组	户主
汪月芝	老观村老观七组	配偶
章勇君	老观村老观七组	次子
王继铭	老观村老观七组	户主
许珍珠	老观村老观七组	配偶
王　康	老观村老观七组	子
王荒你	老观村老观七组	户主
朱秀芬	老观村老观七组	配偶
王衍庆	老观村老观七组	户主
汪红霞	老观村老观七组	配偶
王彬彬	老观村老观七组	子

王芸芸	老观村老观七组	女
章尚华	老观村老观七组	户主
查鹤芳	老观村老观七组	配偶
章贤伟	老观村老观七组	子
潘兰香	老观村老观七组	母亲
章霞光	老观村老观七组	户主
王小杏	老观村老观七组	配偶
章　琴	老观村老观七组	二女
王胜平	老观村老观七组	户主
王永平	老观村老观七组	户主
朱海珠	老观村老观七组	配偶
夏　华	老观村老观七组	女婿
王　芳	老观村老观七组	长女
王　俊	老观村老观七组	二女
夏钰杰	老观村老观七组	外孙子
章尚平	老观村老观七组	户主
沈美芬	老观村老观七组	配偶
章　帆	老观村老观七组	子
刘惠枝	老观村老观七组	母亲
章贤荣	老观村老观七组	户主
汪大凤	老观村老观七组	母亲
章利珍	老观村老观七组	妹妹
章卫兵	老观村老观七组	户主
查金花	老观村老观七组	配偶
章　婕	老观村老观七组	女
曹小菊	老观村老观七组	配偶
章伟国	老观村老观七组	户主
程翠霞	老观村老观七组	配偶
章诚杰	老观村老观七组	子

章贤兵	老观村老观七组	户主
乐贵枝	老观村老观七组	配偶
章树生	老观村老观七组	户主
黄凤子	老观村老观七组	配偶
王树平	老观村老观七组	户主
曹四金	老观村老观七组	配偶
王　礼	老观村老观七组	户主
王月霞	老观村老观七组	配偶
王俊杰	老观村老观七组	子
王跃明	老观村老观七组	户主
王　成	老观村老观七组	长子
章玉芬	老观村老观七组	户主
王鹏程	老观村老观七组	次子
章功惠	老观村老观七组	户主
章城亮	老观村老观七组	子
寇　娇	老观村老观七组	
章贤勇	老观村老观七组	户主
肖腊姐	老观村老观七组	配偶
王根平	老观村老观七组	户主
佘碧莲	老观村老观七组	配偶
王迎港	老观村老观七组	子
章家祥	老观村老观七组	户主
查秀枝	老观村老观七组	配偶
章利琴	老观村老观七组	三女
章石中	老观村老观七组	户主
谷习燕	老观村老观七组	配偶
章　标	老观村老观七组	子
章　晶	老观村老观七组	女
章少华	老观村老观七组	户主

汪龙珠	老观村老观七组	配偶
章冬冬	老观村老观七组	长子
章　林	老观村老观七组	次子
章中华	老观村老观七组	户主
胡金芬	老观村老观七组	配偶
章小叶	老观村老观七组	长女
章　微	老观村老观七组	二女
王向阳	老观村老观七组	户主
赵小莲	老观村老观七组	配偶
王志健	老观村老观七组	子
王新亚	老观村老观七组	户主
王庆平	老观村老观七组	户主
阳平美	老观村老观七组	配偶
王秀丽	老观村老观七组	女
王克勇	老观村老观七组	户主
王俊豪	老观村老观七组	子
王德平	老观村老观七组	户主
周素萍	老观村老观七组	配偶
王腾飞	老观村老观七组	子
王路瑶	老观村老观七组	女
章功学	老观村老观七组	户主
王　芳	老观村老观七组	配偶
章　玥	老观村老观七组	女
章贤光	老观村老观七组	户主
章志豪	老观村老观七组	次子
章婷婷	老观村老观七组	女
章贤英	老观村老观七组	户主
曹爱英	老观村老观七组	配偶
陈东月	老观村老观七组	户主

章功道	老观村老观七组	户主
童美琴	老观村老观七组	配偶
章功应	老观村老观七组	户主
王靖华	老观村老观七组	配偶
章　呈	老观村老观七组	子
王秀妮	老观村老观八组	户主
王文震	老观村老观八组	户主
王玉珍	老观村老观八组	配偶
王　琪	老观村老观八组	子
曹远东	老观村老观八组	户主
蒋月娥	老观村老观八组	配偶
曹高武	老观村老观八组	户主
章柳叶	老观村老观八组	配偶
曹　权	老观村老观八组	子
曹　琦	老观村老观八组	女
曹天宝	老观村老观八组	户主
童海莲	老观村老观八组	配偶
曹东升	老观村老观八组	子
曹　杨	老观村老观八组	女
姚时红	老观村老观八组	户主
阮文花	老观村老观八组	配偶
姚　佳	老观村老观八组	女
曹文进	老观村老观八组	户主
查金根	老观村老观八组	户主
曹高亮	老观村老观八组	次子
曹太福	老观村老观八组	户主
丁秀英	老观村老观八组	配偶
曹　啸	老观村老观八组	子
曹梦洁	老观村老观八组	女

曹太山	老观村老观八组	户主
汪美玉	老观村老观八组	配偶
孙光辉	老观村老观八组	户主
王彩霞	老观村老观八组	配偶
孙烨华	老观村老观八组	子
孙凌晶	老观村老观八组	女
孙致敬	老观村老观八组	户主
殷义香	老观村老观八组	配偶
孙　翔	老观村老观八组	子
姚时亮	老观村老观八组	户主
张保丹	老观村老观八组	配偶
姚　旭	老观村老观八组	子
姚　婷	老观村老观八组	长女
徐安琪	老观村老观八组	外孙女
曹高明	老观村老观八组	户主
刘天珍	老观村老观八组	配偶
孙光福	老观村老观八组	户主
朱惠芳	老观村老观八组	配偶
孙　诚	老观村老观八组	子
孙　清	老观村老观八组	女
曹文举	老观村老观八组	户主
丁小莲	老观村老观八组	配偶
曹银志	老观村老观八组	次子
梅金保	老观村老观八组	户主
汪秀妮	老观村老观八组	配偶
曹高祖	老观村老观八组	户主
汪小兰	老观村老观八组	配偶
曹小亮	老观村老观八组	五女
汪银娣	老观村老观八组	户主

曹远德	老观村老观八组	三子
曹洋杰	老观村老观八组	孙女
王兴旺	老观村老观八组	户主
徐巧仙	老观村老观八组	配偶
王　伟	老观村老观八组	子
王镜婷	老观村老观八组	女
朱翠英	老观村老观八组	母亲
曹振球	老观村老观八组	户主
汪玉兰	老观村老观八组	配偶
曹天喜	老观村老观八组	户主
郑小平	老观村老观八组	配偶
曹　飞	老观村老观八组	子
阮小菊	老观村老观八组	配偶
曹高升	老观村老观八组	户主
欧阳芬美	老观村老观八组	配偶
曹允超	老观村老观八组	子
王文韬	老观村老观八组	户主
曹高德	老观村老观八组	户主
姜小佬	老观村老观八组	配偶
曹云鹏	老观村老观八组	子
曹彩云	老观村老观八组	女
马金金	老观村老观八组	儿媳
曹木辰	老观村老观八组	孙子
曹高文	老观村老观八组	户主
刘天星	老观村老观八组	配偶
曹应宝	老观村老观八组	长子
曹应姣	老观村老观八组	女
曹长宽	老观村老观八组	户主
钟爱叶	老观村老观八组	配偶

曹国宝	老观村老观八组	户主
汪红光	老观村老观九组	户主
许桂芬	老观村老观九组	配偶
汪怡丹	老观村老观九组	女
汪怡超	老观村老观九组	二女
汪春达	老观村老观九组	户主
丁大仙	老观村老观九组	配偶
汪世勇	老观村老观九组	子
汪云杰	老观村老观九组	孙子
汪云龙	老观村老观九组	户主
曹春香	老观村老观九组	配偶
曹亚苹	老观村老观九组	女
汪春旺	老观村老观九组	户主
汪建平	老观村老观九组	子
朱小兰	老观村老观九组	儿媳
汪珍芳	老观村老观九组	孙女
汪丹芳	老观村老观九组	孙女
郜宝平	老观村老观九组	户主
汪蔚丹	老观村老观九组	女
汪福兴	老观村老观九组	户主
查月香	老观村老观九组	配偶
汪素娟	老观村老观九组	女
汪素媛	老观村老观九组	女
汪再兴	老观村老观九组	户主
胡平芳	老观村老观九组	配偶
汪　聪	老观村老观九组	子
汪素蝶	老观村老观九组	女
刘建设	老观村老观九组	户主
汪灵先	老观村老观九组	配偶

刘　军	老观村老观九组	子
刘舒皓轩	老观村老观九组	孙子
刘天赐	老观村老观九组	户主
许中会	老观村老观九组	配偶
刘　娟	老观村老观九组	长女
刘　佩	老观村老观九组	二女
汪重新	老观村老观九组	户主
孙桂枝	老观村老观九组	配偶
汪　炜	老观村老观九组	子
汪素华	老观村老观九组	女
汪文德	老观村老观九组	户主
丁高芬	老观村老观九组	配偶
汪振辉	老观村老观九组	子
汪　雨	老观村老观九组	长女
汪和平	老观村老观九组	户主
曹小多	老观村老观九组	配偶
汪国华	老观村老观九组	三子
汪海丽	老观村老观九组	二女
费明珠	老观村老观九组	儿媳
汪梦星	老观村老观九组	孙女
汪德炳	老观村老观九组	户主
杨荣花	老观村老观九组	配偶
汪春林	老观村老观九组	户主
汪燕艺	老观村老观九组	户主
汪春期	老观村老观九组	户主
徐小翠	老观村老观九组	户主
汪保家	老观村老观十组	户主
汪文进	老观村老观十组	户主
朱先华	老观村老观十组	配偶

汪　朦	老观村老观十组	女
汪春发	老观村老观十组	户主
王麦你	老观村老观十组	配偶
汪友香	老观村老观十组	女
查　昶	老观村老观十组	户主
文冬凤	老观村老观十组	配偶
查　敏	老观村老观十组	户主
查　晓	老观村老观十组	户主
章仙平	老观村老观十组	配偶
朱祖根	老观村老观十组	户主
查翠霞	老观村老观十组	配偶
朱立胜	老观村老观十组	子
冯慧敏	老观村老观十组	儿媳
朱冯祥	老观村老观十组	孙子
王小苏	老观村老观十组	户主
查　英	老观村老观十组	长女
查多英	老观村老观十组	二女
郭艳文	老观村老观十组	外孙女
汪亦清	老观村老观十组	户主
汪国胜	老观村老观十组	户主
林美珠	老观村老观十组	配偶
汪洁云	老观村老观十组	女
汪林莹	老观村老观十组	二女
汪金良	老观村老观十组	户主
盛大腊	老观村老观十组	配偶
汪兆武	老观村老观十组	子
张亚平	老观村老观十组	儿媳
汪若涵	老观村老观十组	孙女
汪明旺	老观村老观十组	户主

汪　先	老观村老观十组	户主
丁冬梅	老观村老观十组	配偶
汪荣刚	老观村老观十组	子
汪勇珍	老观村老观十组	长女
汪二虎	老观村老观十组	户主
张罗顺	老观村老观十组	配偶
汪荣杰	老观村老观十组	长子
汪荣庆	老观村老观十组	次子
张梅你	老观村老观十组	母亲
汪　群	老观村老观十组	户主
傅美霞	老观村老观十组	配偶
汪钊君	老观村老观十组	二女
汪前进	老观村老观十组	户主
胡秀英	老观村老观十组	配偶
李小平	老观村老观十组	
汪夏馨	老观村老观十组	长女
汪晓雪	老观村老观十组	二女
汪世德	老观村老观十组	户主
汪一良	老观村老观十组	户主
丁广罗	老观村老观十组	配偶
汪兆平	老观村老观十组	四子
汪　娟	老观村老观十组	孙女
汪前途	老观村老观十组	户主
汪兆亮	老观村老观十组	户主
查冬姣	老观村老观十组	户主
汪　斌	老观村老观十组	户主
汪婷婷	老观村老观十组	长女
汪梦姣	老观村老观十组	二女
查　勇	老观村老观十组	户主

谢桂芳	老观村老观十组	配偶
查君翔	老观村老观十组	长子
查云兵	老观村老观十组	户主
徐冬霞	老观村老观十组	配偶
查俊莲	老观村老观十组	女
王小兵	老观村老观十一组	户主
张正元	老观村老观十一组	户主
汪世祥	老观村老观十一组	户主
殷大姐	老观村老观十一组	配偶
汪正文	老观村老观十一组	户主
汪　进	老观村老观十一组	子
王云雾	老观村老观十一组	户主
黄鸿玲	老观村老观十一组	配偶
王　明	老观村老观十一组	子
王火根	老观村老观十一组	户主
童彩萍	老观村老观十一组	配偶
王　豪	老观村老观十一组	女
汪春树	老观村老观十一组	户主
王邦元	老观村老观十一组	户主
计小根	老观村老观十一组	配偶
王文龙	老观村老观十一组	户主
查凤珠	老观村老观十一组	配偶
王　敏	老观村老观十一组	女
汪洪波	老观村老观十一组	户主
王俗欢	老观村老观十一组	配偶
汪玉凤	老观村老观十一组	长女
汪银燕	老观村老观十一组	二女
汪　华	老观村老观十一组	户主
姚青香	老观村老观十一组	配偶

汪德政	老观村老观十一组	次子
朱　婷	老观村老观十一组	儿媳
汪羽欣	老观村老观十一组	孙女
汪建兵	老观村老观十一组	户主
朱美芳	老观村老观十一组	配偶
汪文祥	老观村老观十一组	子
汪淑娟	老观村老观十一组	长女
汪文娟	老观村老观十一组	二女
汪沈煜	老观村老观十一组	孙女
汪世会	老观村老观十一组	户主
丁带兄	老观村老观十一组	配偶
汪小妹	老观村老观十一组	二女
章翠英	老观村老观十一组	户主
汪爱萍	老观村老观十一组	长女
王春虎	老观村老观十一组	户主
吕芳苹	老观村老观十一组	配偶
王　林	老观村老观十一组	子
王华华	老观村老观十一组	儿媳
王苒静	老观村老观十一组	孙女
汪龙你	老观村老观十一组	户主
阮美英	老观村老观十一组	户主
王仁志	老观村老观十一组	户主
蒋嫦娥	老观村老观十一组	配偶
汪潇梦	老观村老观十一组	户主
汪跃武	老观村老观十一组	户主
彭秋月	老观村老观十一组	配偶
汪彭娟	老观村老观十一组	女
张巧你	老观村老观十一组	户主
朱先进	老观村老观十二组	户主

陈小玲	老观村老观十二组	配偶
朱云龙	老观村老观十二组	子
朱敦友	老观村老观十二组	户主
朱胡林	老观村老观十二组	户主
朱三田	老观村老观十二组	户主
查香你	老观村老观十二组	配偶
朱小虎	老观村老观十二组	户主
沈素芳	老观村老观十二组	配偶
朱小修	老观村老观十二组	户主
黄淑珍	老观村老观十二组	配偶
衡　臣	老观村老观十二组	女婿
朱阳梅	老观村老观十二组	长女
朱文军	老观村老观十二组	二女
衡奕伶	老观村老观十二组	外孙女
朱根保	老观村老观十二组	户主
鲍顺芝	老观村老观十二组	配偶
朱玲霞	老观村老观十二组	三女
伍东杭	老观村老观十二组	外孙子
朱高升	老观村老观十二组	户主
洪利群	老观村老观十二组	配偶
朱　聪	老观村老观十二组	子
胡国璋	老观村老观十二组	女婿
王文进	老观村老观十二组	户主
郑小芬	老观村老观十二组	配偶
王志杰	老观村老观十二组	子
查福喜	老观村老观十二组	户主
陈贷香	老观村老观十二组	配偶
查尚富	老观村老观十二组	户主
鲁彩霞	老观村老观十二组	配偶

查云娟	老观村老观十二组	长女
查云瑶	老观村老观十二组	二女
朱征兵	老观村老观十二组	户主
丁寒英	老观村老观十二组	配偶
朱　缘	老观村老观十二组	女
朱根生	老观村老观十二组	户主
钟侪你	老观村老观十二组	配偶
朱银丽	老观村老观十二组	二女
朱银红	老观村老观十二组	三女
朱仙学	老观村老观十二组	户主
朱敦仁	老观村老观十二组	户主
陈菊花	老观村老观十二组	配偶
朱素宝	老观村老观十二组	长子
侯勇英	老观村老观十二组	儿媳
朱玉洁	老观村老观十二组	孙女
章道根	老观村老观十二组	户主
朱先本	老观村老观十二组	三子
朱金虎	老观村老观十二组	户主
查巧罗	老观村老观十二组	配偶
朱小黑	老观村老观十二组	户主
杨福勇	老观村老观十三组	户主
周志清	老观村老观十三组	配偶
杨　静	老观村老观十三组	女
杨　蕊	老观村老观十三组	二女
朱新平	老观村老观十三组	户主
朱安平	老观村老观十三组	户主
李玲玉	老观村老观十三组	配偶
朱丽琴	老观村老观十三组	长女
朱翠冬	老观村老观十三组	二女

杨　忠	老观村老观十三组	户主
杨美怀	老观村老观十三组	户主
王兴芝	老观村老观十三组	配偶
杨　文	老观村老观十三组	次子
朱国邦	老观村老观十三组	户主
郭爱莲	老观村老观十三组	配偶
沈　宏	老观村老观十三组	非亲属
朱敦禹	老观村老观十三组	户主
仰金花	老观村老观十三组	配偶
左金国	老观村老观十三组	户主
胡小姣	老观村老观十三组	配偶
左亮亮	老观村老观十三组	长女
朱文德	老观村老观十三组	户主
崔龙英	老观村老观十三组	配偶
朱国强	老观村老观十三组	户主
戴五你	老观村老观十三组	配偶
朱喜怡	老观村老观十三组	女
朱淑怡	老观村老观十三组	二女
阳天明	老观村老观十三组	户主
丁大芬	老观村老观十三组	配偶
欧阳卫勇	老观村老观十三组	子
阳牡丹	老观村老观十三组	妹妹
阳天宝	老观村老观十三组	户主
阳志勇	老观村老观十三组	子
朱太平	老观村老观十三组	户主
查林罗	老观村老观十三组	配偶
李贵姐	老观村老观十三组	户主
阳　城	老观村老观十三组	子
朱本元	老观村老观十三组	户主

杨美林	老观村老观十三组	户主
姚巧珍	老观村老观十三组	配偶
杨福建	老观村老观十三组	次子
朱国平	老观村老观十三组	户主
鲁春姐	老观村老观十三组	配偶
朱晓玲	老观村老观十三组	长女
朱联合	老观村老观十三组	户主
胡柳叶	老观村老观十三组	配偶
朱涛涛	老观村老观十三组	长子
朱　茜	老观村老观十三组	女
朱国正	老观村老观十三组	户主
张　琴	老观村老观十三组	妻
朱小龙	老观村老观十三组	
朱雅晨	老观村老观十三组	女
朱卫英	老观村老观十三组	户主
俞佳加	老观村老观十三组	子
王　丽	老观村老观十三组	儿媳
俞诗雅	老观村老观十三组	孙女
李小云	老观村老观十四组	户主
李书明	老观村老观十四组	子
李建帮	老观村老观十四组	户主
邹万福	老观村老观十四组	户主
邹友福	老观村老观十四组	户主
鲍小多	老观村老观十四组	配偶
邹仙果	老观村老观十四组	户主
丁风景	老观村老观十四组	配偶
邹红荷	老观村老观十四组	女
邹立新	老观村老观十四组	户主
徐国花	老观村老观十四组	配偶

邹人杰	老观村老观十四组	子
邹　青	老观村老观十四组	长女
徐爱华	老观村老观十四组	户主
汪兰芬	老观村老观十四组	配偶
徐　耀	老观村老观十四组	长子
徐炳根	老观村老观十四组	户主
胡秀芳	老观村老观十四组	配偶
李赶帮	老观村老观十四组	户主
毛玉凤	老观村老观十四组	配偶
李鹏飞	老观村老观十四组	长子
李鹏翔	老观村老观十四组	次子
李松喜	老观村老观十四组	户主
何铭桂	老观村老观十四组	配偶
李娟娟	老观村老观十四组	长女
李小珠	老观村老观十四组	户主
邹德义	老观村老观十四组	户主
丁正英	老观村老观十四组	配偶
邹　游	老观村老观十四组	子
邹　欢	老观村老观十四组	女
邹四清	老观村老观十四组	户主
牧兰英	老观村老观十四组	配偶
邹伟健	老观村老观十四组	长子
邹为学	老观村老观十四组	二女
徐金燕	老观村老观十四组	儿媳
邹小木	老观村老观十四组	户主
谷代云	老观村老观十四组	配偶
邹　森	老观村老观十四组	三子
邹小夏	老观村老观十四组	二女
李青台	老观村老观十四组	户主

黄海英	老观村老观十四组	儿媳
李全付	老观村老观十四组	户主
刘敦芳	老观村老观十四组	配偶
李娟萍	老观村老观十四组	长女
李　燕	老观村老观十四组	二女
李全祖	老观村老观十四组	户主
邹德银	老观村老观十四组	户主
王芸香	老观村老观十四组	配偶
邹维俊	老观村老观十四组	女
邹东海	老观村老观十四组	户主
张时芬	老观村老观十四组	配偶
邹　晖	老观村老观十四组	子
邹露瑶	老观村老观十四组	女
邹德明	老观村老观十四组	父亲
苏桂香	老观村老观十四组	母亲
邹富强	老观村老观十四组	户主
余世珍	老观村老观十四组	配偶
邹立虎	老观村老观十四组	三子
邹爱凤	老观村老观十四组	长女
邹立兵	老观村老观十四组	户主
朱雨娟	老观村老观十四组	配偶
邹　运	老观村老观十四组	子
邹　红	老观村老观十四组	女
邹立彪	老观村老观十四组	户主
王牡丹	老观村老观十四组	配偶
邹立帮	老观村老观十四组	户主
邹富贵	老观村老观十四组	户主
左翠霞	老观村老观十四组	配偶
邹立志	老观村老观十四组	次子

李小坤	老观村老观十四组	户主
张学琴	老观村老观十四组	配偶
李万机	老观村老观十四组	子
管帮胜	老观村老观十四组	户主
张明志	老观村老观十四组	配偶
管陵生	老观村老观十四组	子
苏红寿	老观村老观十四组	户主
查罗你	老观村老观十四组	配偶
苏建平	老观村老观十四组	户主
许芬子	老观村老观十四组	配偶
苏　杭	老观村老观十四组	长女
苏　庆	老观村老观十四组	二女
徐良其	老观村老观十四组	户主
李云凌	老观村老观十四组	配偶
徐煜凡	老观村老观十四组	女
李大荒	老观村老观十四组	户主
邹有明	老观村老观十四组	户主
邹杏莲	老观村老观十四组	妹妹
奚乐天	老观村老观十四组	侄子
周光荣	老观村老观十五组	户主
张冬林	老观村老观十五组	配偶
周光宁	老观村老观十五组	户主
胡桂芳	老观村老观十五组	配偶
周前涛	老观村老观十五组	子
周炜萍	老观村老观十五组	女
周光洋	老观村老观十五组	户主
王桂花	老观村老观十五组	配偶
周凌峰	老观村老观十五组	子
吴凤英	老观村老观十五组	母亲

周云丽	老观村老观十五组	姐姐
余　超	老观村老观十五组	侄子
齐新何	老观村老观十五组	户主
齐子铭	老观村老观十五组	子
齐梦婷	老观村老观十五组	女
周大菊	老观村老观十五组	户主
齐建飞	老观村老观十五组	次子
齐　俊	老观村老观十五组	孙子
江光明	老观村老观十五组	户主
王丹凤	老观村老观十五组	配偶
江小燕	老观村老观十五组	长女
江　文	老观村老观十五组	二女
夏伢子	老观村老观十五组	母亲
周光辉	老观村老观十五组	户主
沈玉桃	老观村老观十五组	配偶
周全春	老观村老观十五组	子
周惟翔	老观村老观十五组	孙子
陈爱莲	老观村老观十五组	户主
周胜利	老观村老观十五组	户主
汪小琴	老观村老观十五组	配偶
周玉敏	老观村老观十五组	女
周　思	老观村老观十五组	二女
周昌文	老观村老观十五组	户主
马小凤	老观村老观十五组	配偶
胡小杏	老观村老观十五组	户主
周　琴	老观村老观十五组	女
孙建国	老观村老观十五组	户主
丁桂芳	老观村老观十五组	配偶
孙　磊	老观村老观十五组	子

孙　甜	老观村老观十五组	二女
何　镇	老观村老观十五组	外孙子
孙云芬	老观村老观十五组	户主
周小桃	老观村老观十五组	母亲
孙建祥	老观村老观十五组	户主
丁左娣	老观村老观十五组	配偶
孙　鑫	老观村老观十五组	
苏红福	老观村老观十五组	户主
黄三姐	老观村老观十五组	配偶
江联合	老观村老观十五组	户主
谢富英	老观村老观十五组	配偶
江　元	老观村老观十五组	长女
江三反	老观村老观十五组	户主
叶爱梅	老观村老观十五组	配偶
江　曼	老观村老观十五组	女
江旭洲	老观村老观十五组	户主
吴腊金	老观村老观十五组	配偶
周光生	老观村老观十五组	户主
汤金枝	老观村老观十五组	户主
苏大贺	老观村老观十五组	户主
金　霞	老观村老观十五组	配偶
苏　琪	老观村老观十五组	女
苏新兵	老观村老观十五组	户主
何常凤	老观村老观十五组	配偶
苏　慧	老观村老观十五组	女
徐根保	老观村老观十六组	户主
齐新意	老观村老观十六组	户主
徐冬英	老观村老观十六组	配偶
齐飞杨	老观村老观十六组	子

齐　玲	老观村老观十六组	女
查国你	老观村老观十六组	户主
查　梦	老观村老观十六组	女
查　涛	老观村老观十六组	二女
万小杏	老观村老观十六组	户主
陶金贵	老观村老观十六组	长子
陶帮付	老观村老观十六组	户主
陶雨婷	老观村老观十六组	女
杨咸登	老观村老观十六组	户主
李新霞	老观村老观十六组	配偶
杨　雪	老观村老观十六组	女
杨高升	老观村老观十六组	户主
汪祥梅	老观村老观十六组	配偶
杨　飞	老观村老观十六组	长子
杨　昆	老观村老观十六组	次子
徐祥平	老观村老观十六组	户主
徐宏洋	老观村老观十六组	子
黄桂你	老观村老观十六组	户主
袁良文	老观村老观十六组	户主
陶　陶	老观村老观十六组	配偶
袁俊伟	老观村老观十六组	子
杨咸安	老观村老观十六组	户主
周翠英	老观村老观十六组	配偶
杨　婷	老观村老观十六组	
杨　斌	老观村老观十六组	子
齐新民	老观村老观十六组	户主
许方梅	老观村老观十六组	配偶
李培培	老观村老观十六组	
齐小龙	老观村老观十六组	长子

齐亚健	老观村老观十六组	次子
王娜娜	老观村老观十六组	儿媳
王解你	老观村老观十六组	母亲
袁先银	老观村老观十六组	户主
袁良学	老观村老观十六组	户主
袁先宽	老观村老观十六组	户主
方腊梅	老观村老观十六组	配偶
袁良根	老观村老观十六组	户主
邵艮芳	老观村老观十六组	配偶
袁志强	老观村老观十六组	子
何祥林	老观村老观十六组	户主
钟承芳	老观村老观十六组	配偶
何智聪	老观村老观十六组	子
何　杰	老观村老观十六组	女
何承前	老观村老观十六组	户主
陈宝珠	老观村老观十六组	配偶
占文兰	老观村老观十六组	户主
徐郑江	老观村老观十六组	子
徐　健	老观村老观十六组	女
陶小兵	老观村老观十六组	户主
李小梅	老观村老观十六组	配偶
江红升	老观村老观十六组	户主
谢红叶	老观村老观十六组	配偶
江智宇	老观村老观十六组	子
陶小山	老观村老观十六组	户主
丁爱芬	老观村老观十六组	配偶
陶　敏	老观村老观十六组	子
章多子	老观村老观十六组	户主
陶　龙	老观村老观十六组	长子

查金国	老观村老观十六组	户主
陶红先	老观村老观十六组	配偶
查　未	老观村老观十六组	子
查新国	老观村老观十六组	户主
杨小芬	老观村老观十六组	户主
杨小林	老观村老观十六组	户主
崔龙仙	老观村老观十六组	配偶
杨　超	老观村老观十六组	长子
杨　勤	老观村老观十六组	次子
汪小虎	老观村老观十六组	户主
王大双	老观村老观十六组	配偶
汪　云	老观村老观十六组	长女
徐方生	老观村老观十六组	户主
姚佾兄	老观村老观十六组	配偶
徐　靖	老观村老观十六组	子
袁先华	老观村老观十六组	户主
杨咸平	老观村老观十六组	户主
何美新	老观村老观十六组	配偶
杨玲珑	老观村老观十六组	长女
杨咸亮	老观村老观十六组	户主
王小凤	老观村老观十六组	配偶
杨东生	老观村老观十六组	子
杨灿灿	老观村老观十六组	女
王时和	老观村老观十六组	户主
陶兰英	老观村老观十六组	配偶
王应峰	老观村老观十六组	次子
王应胜	老观村老观十六组	户主
刘月霞	老观村老观十六组	配偶
王震宇	老观村老观十六组	子

江卫东	老观村老观十六组	户主
沈玉凤	老观村老观十六组	配偶
江小雨	老观村老观十六组	女
汪　林	老观村老观十六组	户主
汪　峰	老观村老观十六组	子
汪小龙	老观村老观十六组	户主
丁传芳	老观村老观十六组	配偶
汪盛桦	老观村老观十六组	子
江红祥	老观村老观十六组	户主
齐根花	老观村老观十六组	母亲
汪方甫	老观村老观十六组	户主
谢付珍	老观村老观十六组	配偶
汪志强	老观村老观十六组	子
徐安平	老观村老观十六组	户主
王圣梅	老观村老观十六组	配偶
徐　晖	老观村老观十六组	子
周珏婷	老观村老观十六组	
赵海荣	老观村老观十六组	户主
赵　敏	老观村老观十六组	长女
丁刚宁	老观村柳洲一组	户主
王应伍	老观村柳洲一组	户主
丁先花	老观村柳洲一组	配偶
王光辉	老观村柳洲一组	子
丁迎春	老观村柳洲一组	女
王时能	老观村柳洲一组	父亲
何桃子	老观村柳洲一组	母亲
张忠富	老观村柳洲一组	户主
管牡丹	老观村柳洲一组	配偶
李应山	老观村柳洲一组	户主

谢传秀	老观村柳洲一组	配偶
李同花	老观村柳洲一组	女
李同结	老观村柳洲一组	户主
普燕辉	老观村柳洲一组	配偶
李婉芸	老观村柳洲一组	女
李同明	老观村柳洲一组	户主
彭妹仙	老观村柳洲一组	配偶
李红斌	老观村柳洲一组	子
丁应发	老观村柳洲一组	户主
沈学姐	老观村柳洲一组	配偶
丁应培	老观村柳洲一组	户主
左晓琴	老观村柳洲一组	配偶
丁凤丹	老观村柳洲一组	长女
丁明珠	老观村柳洲一组	二女
丁应乐	老观村柳洲一组	户主
王小杏	老观村柳洲一组	户主
丁小宝	老观村柳洲一组	子
丁应明	老观村柳洲一组	户主
古述桂	老观村柳洲一组	配偶
丁　蕗	老观村柳洲一组	二女
周秀珍	老观村柳洲一组	母亲
丁小黑	老观村柳洲一组	户主
周金莲	老观村柳洲一组	配偶
丁霞林	老观村柳洲一组	户主
许有梅	老观村柳洲一组	配偶
丁　然	老观村柳洲一组	子
马四姐	老观村柳洲一组	户主
陈德胜	老观村柳洲一组	子
陈桂珍	老观村柳洲一组	二女

丁美进	老观村柳洲一组	儿媳
陈　健	老观村柳洲一组	孙子
李应发	老观村柳洲一组	户主
郗金凤	老观村柳洲一组	配偶
李同伍	老观村柳洲一组	次子
丁光见	老观村柳洲一组	户主
丁应龙	老观村柳洲一组	户主
古玉莲	老观村柳洲一组	配偶
李同文	老观村柳洲一组	户主
李林雅	老观村柳洲一组	女
丁应忠	老观村柳洲一组	户主
丁桂兰	老观村柳洲一组	配偶
丁　政	老观村柳洲一组	子
丁茂林	老观村柳洲一组	户主
刘忠翠	老观村柳洲一组	配偶
乔晓彤	老观村柳洲一组	
丁　浩	老观村柳洲一组	子
张孝广	老观村柳洲一组	户主
费海霞	老观村柳洲一组	配偶
张志鸿	老观村柳洲一组	子
张孝宽	老观村柳洲一组	户主
李文广	老观村柳洲一组	户主
许玲霞	老观村柳洲一组	配偶
李　安	老观村柳洲一组	子
林启伍	老观村柳洲二组	户主
王莲花	老观村柳洲二组	配偶
林吉平	老观村柳洲二组	子
林吉胜	老观村柳洲二组	户主
古洪秀	老观村柳洲二组	配偶

林　俊	老观村柳洲二组	子
林志祥	老观村柳洲二组	孙子
马五姐	老观村柳洲二组	户主
沈卫兵	老观村柳洲二组	户主
沈孟祥	老观村柳洲二组	户主
丁香桂	老观村柳洲二组	配偶
沈　明	老观村柳洲二组	子
沈先华	老观村柳洲二组	户主
王金花	老观村柳洲二组	户主
丁爱红	老观村柳洲二组	二女
丁光荣	老观村柳洲二组	户主
肖　琴	老观村柳洲二组	配偶
丁家伟	老观村柳洲二组	子
丁　沛	老观村柳洲二组	女
丁光胜	老观村柳洲二组	户主
许云霞	老观村柳洲二组	配偶
丁　寒	老观村柳洲二组	子
钟冬梅	老观村柳洲二组	户主
丁胜利	老观村柳洲二组	户主
丁双玲	老观村柳洲二组	配偶
丁　庆	老观村柳洲二组	子
丁　昆	老观村柳洲二组	次子
仰条明	老观村柳洲二组	户主
王玉兰	老观村柳洲二组	配偶
仰昌义	老观村柳洲二组	子
张香花	老观村柳洲二组	儿媳
仰　远	老观村柳洲二组	孙子
沈卫保	老观村柳洲二组	户主
沈　婕	老观村柳洲二组	长女

沈卓然	老观村柳洲二组	二女
王应保	老观村柳洲二组	户主
钟代娣	老观村柳洲二组	配偶
王　娟	老观村柳洲二组	长女
王　晴	老观村柳洲二组	二女
沈玉莲	老观村柳洲二组	户主
王　刚	老观村柳洲二组	子
胡益概	老观村柳洲二组	户主
沈学群	老观村柳洲二组	配偶
胡红忠	老观村柳洲二组	户主
汪素芳	老观村柳洲二组	配偶
胡　锐	老观村柳洲二组	子
朱玉枝	老观村柳洲二组	户主
李月你	老观村柳洲二组	户主
徐团结	老观村柳洲二组	四子
徐规划	老观村柳洲二组	户主
张龙珠	老观村柳洲二组	配偶
徐伟超	老观村柳洲二组	子
徐娟娟	老观村柳洲二组	长女
徐湘晴	老观村柳洲二组	外孙女
徐晓平	老观村柳洲二组	户主
淡宜翠	老观村柳洲二组	配偶
徐伟刚	老观村柳洲二组	子
徐慧慧	老观村柳洲二组	长女
徐　晶	老观村柳洲二组	二女
徐胜利	老观村柳洲二组	户主
施国珍	老观村柳洲二组	配偶
徐伟跃	老观村柳洲二组	子
齐金龙	老观村柳洲二组	户主

李应怀	老观村柳洲二组	户主
谢传英	老观村柳洲二组	配偶
李同富	老观村柳洲二组	三子
李根菊	老观村柳洲二组	养女或继女
李同贵	老观村柳洲二组	户主
李锦梅	老观村柳洲二组	配偶
李园园	老观村柳洲二组	女
李同祥	老观村柳洲二组	户主
马代香	老观村柳洲二组	配偶
李陵峰	老观村柳洲二组	子
李安荣	老观村柳洲二组	女
丁光新	老观村柳洲二组	户主
唐德珍	老观村柳洲二组	配偶
胡红兵	老观村柳洲二组	户主
蔡梅荣	老观村柳洲二组	配偶
胡　琳	老观村柳洲二组	女
胡文清	老观村柳洲二组	二女
胡小元	老观村柳洲二组	户主
袁丽萍	老观村柳洲二组	配偶
胡　顺	老观村柳洲二组	子
王新梅	老观村柳洲二组	户主
沈小杏	老观村柳洲二组	户主
吴梅仙	老观村柳洲二组	配偶
谷习林	老观村柳洲三组	户主
吴宝珠	老观村柳洲三组	配偶
谷长伦	老观村柳洲三组	子
徐成祥	老观村柳洲三组	户主
汪雪荣	老观村柳洲三组	配偶
徐沛磊	老观村柳洲三组	子

焦小明	老观村柳洲三组	户主
许金梅	老观村柳洲三组	配偶
胡玉莲	老观村柳洲三组	户主
裴云珠	老观村柳洲三组	儿媳
陈凤英	老观村柳洲三组	户主
徐学伍	老观村柳洲三组	户主
左秀英	老观村柳洲三组	配偶
胡益万	老观村柳洲三组	户主
丁秀平	老观村柳洲三组	配偶
胡春霞	老观村柳洲三组	长女
胡秋玲	老观村柳洲三组	二女
徐腊松	老观村柳洲三组	户主
姚爱姐	老观村柳洲三组	配偶
徐红兵	老观村柳洲三组	户主
陈桂兰	老观村柳洲三组	配偶
徐　晨	老观村柳洲三组	子
徐永东	老观村柳洲三组	户主
张腊梅	老观村柳洲三组	配偶
徐晓波	老观村柳洲三组	子
徐大明	老观村柳洲三组	户主
郜小多	老观村柳洲三组	配偶
许玉花	老观村柳洲三组	户主
徐　忍	老观村柳洲三组	子
汪金多	老观村柳洲三组	户主
张文娟	老观村柳洲三组	长女
焦照奇	老观村柳洲三组	户主
焦梦园	老观村柳洲三组	女
徐立先	老观村柳洲三组	户主
徐自平	老观村柳洲三组	户主

涂发江	老观村柳洲三组	配偶
徐文博	老观村柳洲三组	子
焦大付	老观村柳洲三组	户主
朱昌秀	老观村柳洲三组	配偶
胡晓兰	老观村柳洲四组	户主
姚桂芳	老观村柳洲四组	配偶
胡益文	老观村柳洲四组	户主
谢竹叶	老观村柳洲四组	配偶
胡梦婷	老观村柳洲四组	女
胡　宇	老观村柳洲四组	二女
徐四保	老观村柳洲四组	户主
徐顺保	老观村柳洲四组	户主
朱凤英	老观村柳洲四组	配偶
徐国义	老观村柳洲四组	长子
周桂芬	老观村柳洲四组	户主
谢晨玲	老观村柳洲四组	女
谢晓友	老观村柳洲四组	其他兄弟姐妹
费文兵	老观村柳洲四组	户主
王　平	老观村柳洲四组	配偶
胡益本	老观村柳洲四组	户主
王冬菊	老观村柳洲四组	配偶
胡　骏	老观村柳洲四组	子
曹孟丽	老观村柳洲四组	儿媳
胡星妍	老观村柳洲四组	孙女
王秀英	老观村柳洲四组	户主
胡亨余	老观村柳洲四组	户主
孙爱俊	老观村柳洲四组	配偶
胡　杰	老观村柳洲四组	子
胡清翠	老观村柳洲四组	女

谷玉香	老观村柳洲四组	配偶
胡亨顺	老观村柳洲四组	子
张大英	老观村柳洲四组	户主
徐　亮	老观村柳洲四组	女
徐　露	老观村柳洲四组	二女
徐同光	老观村柳洲四组	户主
张显兰	老观村柳洲四组	配偶
徐本清	老观村柳洲四组	户主
马晓慧	老观村柳洲四组	配偶
徐君倩	老观村柳洲四组	女
徐君怡	老观村柳洲四组	二女
徐本发	老观村柳洲四组	户主
周权英	老观村柳洲四组	配偶
徐文慧	老观村柳洲四组	女
徐文燕	老观村柳洲四组	二女
胡益平	老观村柳洲四组	户主
王贤凤	老观村柳洲四组	配偶
胡亨美	老观村柳洲四组	子
李桂芬	老观村柳洲四组	儿媳
胡海容	老观村柳洲四组	孙子
胡益贵	老观村柳洲四组	户主
纪双凤	老观村柳洲四组	配偶
胡青青	老观村柳洲四组	长女
李文博	老观村柳洲四组	外孙子
陈述保	老观村柳洲四组	户主
陈　勇	老观村柳洲四组	子
左二姐	老观村柳洲四组	户主
陈　亮	老观村柳洲四组	五子
陈丫头	老观村柳洲四组	户主

陈小三	老观村柳洲四组	弟
徐毛头	老观村柳洲四组	户主
杜碧芬	老观村柳洲四组	配偶
徐　蜂	老观村柳洲四组	三子
焦照堂	老观村柳洲四组	户主
王春兰	老观村柳洲四组	配偶
徐　飞	老观村柳洲四组	户主
沈卫群	老观村柳洲四组	配偶
徐冰洁	老观村柳洲四组	女
胡亨保	老观村柳洲四组	户主
潘平花	老观村柳洲四组	配偶
胡榕涛	老观村柳洲四组	子
徐国胜	老观村柳洲四组	户主
杨清清	老观村柳洲四组	配偶
徐凌志	老观村柳洲四组	子
焦明义	老观村柳洲四组	户主
徐　健	老观村柳洲四组	户主
徐冰芯	老观村柳洲四组	女
胡益付	老观村柳洲四组	户主
陈宗美	老观村柳洲四组	配偶
胡梦云	老观村柳洲四组	女
胡　兵	老观村柳洲四组	户主
王雪净	老观村柳洲四组	配偶
胡可欣	老观村柳洲四组	女
殷义国	老观村柳洲五组	户主
许腊香	老观村柳洲五组	配偶
胡益昌	老观村柳洲五组	户主
丁海英	老观村柳洲五组	配偶
朱品华	老观村柳洲五组	户主

王玉芳	老观村柳洲五组	配偶
朱海贵	老观村柳洲五组	次子
莫邦琴	老观村柳洲五组	儿媳
朱思思	老观村柳洲五组	孙女
朱海根	老观村柳洲五组	户主
朱小惠	老观村柳洲五组	配偶
朱森林	老观村柳洲五组	子
仰宗文	老观村柳洲五组	户主
仰宗广	老观村柳洲五组	户主
仰宗明	老观村柳洲五组	户主
胡永凤	老观村柳洲五组	配偶
仰　慧	老观村柳洲五组	女
仰　蓉	老观村柳洲五组	二女
殷和平	老观村柳洲五组	户主
谷玉代	老观村柳洲五组	配偶
殷绮梦	老观村柳洲五组	女
殷慧敏	老观村柳洲五组	女
江秀英	老观村柳洲五组	户主
殷光辉	老观村柳洲五组	三子
韩　韡	老观村柳洲五组	户主
韩楊若果	老观村柳洲五组	女
韩家元	老观村柳洲五组	户主
鲁淑珍	老观村柳洲五组	配偶
鲁静波	老观村柳洲五组	次子
姚反田	老观村柳洲五组	母亲
胡益志	老观村柳洲五组	户主
郜仙梅	老观村柳洲五组	配偶
胡　珊	老观村柳洲五组	长女
胡芳芳	老观村柳洲五组	二女

汪雅萱	老观村柳洲五组	外孙女
关乔恩	老观村柳洲五组	外孙女
殷　勤	老观村柳洲五组	户主
郜春年	老观村柳洲五组	户主
韩小乐	老观村柳洲五组	孙子
朱瑞能	老观村柳洲五组	户主
朱东风	老观村柳洲五组	次子
谢付香	老观村柳洲五组	户主
殷娟娟	老观村柳洲五组	女
吴凤芝	老观村柳洲五组	户主
胡益满	老观村柳洲五组	户主
崔安定	老观村柳洲五组	配偶
胡梦宇	老观村柳洲五组	独生女
杜新国	老观村柳洲五组	户主
刘　倩	老观村柳洲五组	配偶
杜　娟	老观村柳洲五组	女
焦树兵	老观村柳洲五组	户主
何国英	老观村柳洲五组	配偶
吴倩倩	老观村柳洲五组	
焦文俊	老观村柳洲五组	子
焦文丽	老观村柳洲五组	女
焦守诚	老观村柳洲五组	孙子
焦华明	老观村柳洲五组	户主
汪晓林	老观村柳洲五组	母亲
谢贵伍	老观村柳洲五组	户主
韩腊姐	老观村柳洲五组	配偶
谢　飞	老观村柳洲五组	子
韩家明	老观村柳洲五组	户主
沙德翠	老观村柳洲五组	配偶

韩　林	老观村柳洲五组	子
韩欣蓉	老观村柳洲五组	孙女
胡益伍	老观村柳洲五组	户主
陈素珍	老观村柳洲五组	配偶
胡凤云	老观村柳洲五组	二女
焦照平	老观村柳洲五组	户主
巫金姐	老观村柳洲五组	配偶
焦玉花	老观村柳洲五组	二女
徐晓来	老观村柳洲五组	户主
徐银云	老观村柳洲五组	女
朱海生	老观村柳洲五组	户主
刘英翠	老观村柳洲五组	配偶
朱笑笑	老观村柳洲五组	子
胡正华	老观村柳洲五组	户主
仰军香	老观村柳洲五组	配偶
胡　鹏	老观村柳洲五组	子
胡　颖	老观村柳洲五组	女
徐成贵	老观村柳洲五组	户主
徐梦梅	老观村柳洲五组	女
徐成发	老观村柳洲五组	户主
覃丽言	老观村柳洲五组	配偶
徐覃绮	老观村柳洲五组	女
徐美琪	老观村柳洲五组	二女
仰老姑	老观村柳洲五组	母亲
胡享元	老观村柳洲六组	户主
裴正珠	老观村柳洲六组	配偶
胡　奎	老观村柳洲六组	子
张孝龙	老观村柳洲六组	户主
殷桃香	老观村柳洲六组	配偶

胡亨德	老观村柳洲六组	户主
鲍家芳	老观村柳洲六组	配偶
胡祥胜	老观村柳洲六组	子
傅月英	老观村柳洲六组	户主
朱瑞清	老观村柳洲六组	户主
刘二姐	老观村柳洲六组	配偶
朱海玉	老观村柳洲六组	四子
朱海平	老观村柳洲六组	户主
谷锡凤	老观村柳洲六组	配偶
朱　坤	老观村柳洲六组	子
朱　欢	老观村柳洲六组	次子
朱海龙	老观村柳洲六组	户主
谢翠香	老观村柳洲六组	配偶
朱　鸣	老观村柳洲六组	子
杨先保	老观村柳洲六组	户主
章小双	老观村柳洲六组	配偶
杨德海	老观村柳洲六组	次子
杨　英	老观村柳洲六组	长女
谢富龙	老观村柳洲六组	户主
谢穿云	老观村柳洲六组	子
谢青芝	老观村柳洲六组	姐姐
谢付帮	老观村柳洲六组	户主
杨金芝	老观村柳洲六组	户主
谢付志	老观村柳洲六组	户主
古兰英	老观村柳洲六组	配偶
谢泉山	老观村柳洲六组	户主
杜腊英	老观村柳洲六组	配偶
谢　寒	老观村柳洲六组	子
杨德明	老观村柳洲六组	户主

谢翠莲	老观村柳洲六组	配偶
杨　启	老观村柳洲六组	子
朱代凤	老观村柳洲六组	户主
杨先武	老观村柳洲六组	户主
丁小菊	老观村柳洲六组	配偶
杨　晋	老观村柳洲六组	子
涂翠英	老观村柳洲六组	户主
谢广册	老观村柳洲六组	户主
王云霞	老观村柳洲六组	配偶
谢　佺	老观村柳洲六组	女
谢广奇	老观村柳洲六组	户主
焦义琴	老观村柳洲六组	配偶
谢　越	老观村柳洲六组	女
王付托	老观村柳洲六组	户主
胡小莲	老观村柳洲六组	配偶
王　云	老观村柳洲六组	女
王伟学	老观村柳洲六组	户主
朱晓莉	老观村柳洲六组	配偶
王晨熙	老观村柳洲六组	女
李晓姑	老观村柳洲六组	户主
张　可	老观村柳洲六组	女
谢贵发	老观村柳洲六组	户主
谢贵斌	老观村柳洲六组	户主
郜　霞	老观村柳洲六组	配偶
谢　凡	老观村柳洲六组	子
谢付洲	老观村柳洲六组	父亲
沙巧云	老观村柳洲六组	户主
杨　宇	老观村柳洲六组	子
杨　帆	老观村柳洲六组	女

张传满	老观村柳洲六组	户主
韦玉霞	老观村柳洲六组	配偶
张昊轩	老观村柳洲六组	子
张　彤	老观村柳洲六组	女
杨德军	老观村柳洲六组	户主
章卫云	老观村柳洲六组	配偶
杨天赐	老观村柳洲六组	子
张小平	老观村柳洲六组	户主
童海霞	老观村柳洲六组	配偶
张　栩	老观村柳洲六组	子
张　莹	老观村柳洲六组	女
胡亨利	老观村柳洲六组	户主
谢卫国	老观村柳洲六组	户主
孔令枝	老观村柳洲六组	配偶
谢　霆	老观村柳洲六组	子
杨先文	老观村柳洲六组	户主
肖来香	老观村柳洲六组	配偶
杨芡芡	老观村柳洲六组	三女
杨前进	老观村柳洲六组	户主
洪小兰	老观村柳洲六组	配偶
杨　能	老观村柳洲六组	子
杨　燕	老观村柳洲六组	女
朱海保	老观村柳洲六组	户主
王华祥	老观村柳洲七组	户主
汪金连	老观村柳洲七组	配偶
王国选	老观村柳洲七组	子
谢贵昌	老观村柳洲七组	户主
韩家胜	老观村柳洲七组	户主
王荷花	老观村柳洲七组	母亲

韩家付	老观村柳洲七组	户主
焦照虎	老观村柳洲七组	户主
朱腊英	老观村柳洲七组	配偶
焦小丽	老观村柳洲七组	长女
焦芳芳	老观村柳洲七组	二女
焦玲玲	老观村柳洲七组	三女
焦根中	老观村柳洲七组	户主
万大保	老观村柳洲七组	配偶
焦召海	老观村柳洲七组	户主
张孝芝	老观村柳洲七组	配偶
焦志朋	老观村柳洲七组	子
焦　娟	老观村柳洲七组	长女
焦　蕾	老观村柳洲七组	二女
焦召霞	老观村柳洲七组	户主
房小云	老观村柳洲七组	配偶
焦　柱	老观村柳洲七组	子
焦小灵	老观村柳洲七组	女
焦召立	老观村柳洲七组	户主
汪阿梅	老观村柳洲七组	妻
焦伟佳	老观村柳洲七组	女
马龙珠	老观村柳洲七组	户主
丁春香	老观村柳洲七组	户主
李孝亮	老观村柳洲七组	长子
李孝敏	老观村柳洲七组	次子
李　倩	老观村柳洲七组	孙女
李雨瑄	老观村柳洲七组	孙女
韩家美	老观村柳洲七组	户主
赵素英	老观村柳洲七组	配偶
韩金龙	老观村柳洲七组	长子

韩国春	老观村柳洲七组	次子
韩锦玉	老观村柳洲七组	孙子
焦召贵	老观村柳洲七组	户主
胡银花	老观村柳洲七组	配偶
焦　军	老观村柳洲七组	子
刘凤友	老观村柳洲七组	户主
汪先贵	老观村柳洲七组	户主
汪康康	老观村柳洲七组	子
汪晶晶	老观村柳洲七组	二女
谢四清	老观村柳洲七组	户主
黄玉芬	老观村柳洲七组	配偶
谢先政	老观村柳洲七组	子
谢四海	老观村柳洲七组	户主
李石凤	老观村柳洲七组	配偶
谢　颜	老观村柳洲七组	女
谢四东	老观村柳洲七组	户主
蔡梅红	老观村柳洲七组	妻
谢　冉	老观村柳洲七组	女
焦召平	老观村柳洲七组	户主
焦　聪	老观村柳洲七组	子
焦书保	老观村柳洲七组	户主
汪小兰	老观村柳洲七组	配偶
焦　升	老观村柳洲七组	子
李平安	老观村柳洲七组	户主
项素英	老观村柳洲七组	配偶
李雅慧	老观村柳洲七组	女
李妍妍	老观村柳洲七组	二女
李心怡	老观村柳洲七组	三女
谢家强	老观村柳洲七组	户主

谢军志	老观村柳洲七组	子
谢健康	老观村柳洲七组	户主
李　军	老观村柳洲七组	配偶
谢雨薇	老观村柳洲七组	女
谢雨馨	老观村柳洲七组	二女
谢贵文	老观村柳洲七组	户主
焦荣花	老观村柳洲七组	配偶
谢　光	老观村柳洲七组	子
程天玉	老观村柳洲八组	户主
程小东	老观村柳洲八组	户主
程宗武	老观村柳洲八组	次子
程原林	老观村柳洲八组	孙子
程海容	老观村柳洲八组	孙女
程文金	老观村柳洲八组	户主
杨小平	老观村柳洲八组	配偶
程　昆	老观村柳洲八组	子
鲍淑贞	老观村柳洲八组	户主
鲍芳多	老观村柳洲八组	儿媳
夏　松	老观村柳洲八组	孙子
夏雅娟	老观村柳洲八组	孙女
夏　睿	老观村柳洲八组	曾（外）孙子
黄小林	老观村柳洲八组	户主
汪代花	老观村柳洲八组	配偶
黄春霞	老观村柳洲八组	长女
黄　晶	老观村柳洲八组	二女
童耀辉	老观村柳洲八组	外孙子
黄文祥	老观村柳洲八组	户主
王　轩	老观村柳洲八组	子
王宗秀	老观村柳洲八组	户主

黄文革	老观村柳洲八组	户主
蒋小琴	老观村柳洲八组	配偶
董国华	老观村柳洲八组	子
董　梅	老观村柳洲八组	女
董欣然	老观村柳洲八组	孙女
黄晓龙	老观村柳洲八组	户主
王庆霞	老观村柳洲八组	配偶
董　柱	老观村柳洲八组	子
蒋八斤	老观村柳洲八组	户主
汪　红	老观村柳洲八组	配偶
蒋敏丽	老观村柳洲八组	女
夏禄兴	老观村柳洲八组	户主
田兰英	老观村柳洲八组	配偶
夏　亮	老观村柳洲八组	户主
周　玲	老观村柳洲八组	配偶
夏润禹	老观村柳洲八组	子
黄文付	老观村柳洲八组	户主
王贵香	老观村柳洲八组	配偶
王　雨	老观村柳洲八组	子
黄钱伍	老观村柳洲八组	户主
董　佰	老观村柳洲八组	户主
董家衡	老观村柳洲八组	子
徐尚达	老观村柳洲九组	户主
林吉秀	老观村柳洲九组	配偶
徐成武	老观村柳洲九组	次子
赵永平	老观村柳洲九组	儿媳
徐　慧	老观村柳洲九组	孙女
徐成文	老观村柳洲九组	户主
沈小四	老观村柳洲九组	配偶

徐志鸿	老观村柳洲九组	子
黄晓货	老观村柳洲九组	户主
李毛姐	老观村柳洲九组	配偶
黄　萍	老观村柳洲九组	女
黄国钰	老观村柳洲九组	户主
廖玉霞	老观村柳洲九组	配偶
黄智怡	老观村柳洲九组	女
黄雅妮	老观村柳洲九组	女
黄国海	老观村柳洲九组	户主
黄四贺	老观村柳洲九组	户主
洪　萍	老观村柳洲九组	配偶
黄　菊	老观村柳洲九组	女
齐小奇	老观村柳洲九组	母亲
黄家胜	老观村柳洲九组	户主
沙德芳	老观村柳洲九组	配偶
黄国爱	老观村柳洲九组	子
黄　蕾	老观村柳洲九组	女
黄　芯	老观村柳洲九组	孙女
王昌军	老观村柳洲九组	户主
鲍素云	老观村柳洲九组	配偶
王　滔	老观村柳洲九组	子
王思露	老观村柳洲九组	女
夏小姣	老观村柳洲九组	配偶
秦正国	老观村柳洲九组	户主
谢付菊	老观村柳洲九组	配偶
秦　伟	老观村柳洲九组	长子
秦　洁	老观村柳洲九组	次子
王华胜	老观村柳洲九组	户主
张贵姐	老观村柳洲九组	配偶

王国兵	老观村柳洲九组	长子
王国付	老观村柳洲九组	户主
丁美苹	老观村柳洲九组	配偶
王宗林	老观村柳洲九组	子
袁星莲	老观村柳洲九组	户主
张国胜	老观村柳洲九组	长子
张国利	老观村柳洲九组	次子
王　陵	老观村柳洲九组	户主
王荣贵	老观村柳洲九组	户主
焦秋菊	老观村柳洲九组	配偶
何成道	老观村柳洲九组	户主
袁贵勇	老观村柳洲九组	配偶
何　飞	老观村柳洲九组	子
何宗霞	老观村柳洲九组	女
刘　玲	老观村柳洲九组	儿媳
何梓艳	老观村柳洲九组	孙女
谢贵胜	老观村柳洲九组	户主
汪玉兰	老观村柳洲九组	配偶
谢俊杰	老观村柳洲九组	子
何凤英	老观村柳洲九组	户主
王国义	老观村柳洲九组	户主
宣荣梅	老观村柳洲九组	配偶
王忠安	老观村柳洲九组	子
王昌龙	老观村柳洲九组	户主
夏禄芳	老观村柳洲九组	配偶
王金富	老观村柳洲九组	子
王　耀	老观村柳洲九组	女
谢贵托	老观村柳洲九组	户主
谢　鹏	老观村柳洲九组	子

董代红	老观村柳洲十组	户主
夏禄朝	老观村柳洲十组	户主
谢志玉	老观村柳洲十组	配偶
夏文华	老观村柳洲十组	子
夏陈思	老观村柳洲十组	孙子
董天保	老观村柳洲十组	户主
田玉梅	老观村柳洲十组	配偶
董代付	老观村柳洲十组	次子
董景阳	老观村柳洲十组	孙子
徐双武	老观村柳洲十组	户主
刘爱玲	老观村柳洲十组	配偶
徐桂贤	老观村柳洲十组	二女
刘　嘉	老观村柳洲十组	养女或继女
徐达财	老观村柳洲十组	户主
王小莲	老观村柳洲十组	配偶
王有金	老观村柳洲十组	户主
张孝明	老观村柳洲十组	户主
马桂兰	老观村柳洲十组	配偶
张　志	老观村柳洲十组	次子
张　慧	老观村柳洲十组	女
焦柳英	老观村柳洲十组	母亲
张正香	老观村柳洲十组	妹妹
陈　彤	老观村柳洲十组	侄女
张　伟	老观村柳洲十组	户主
代　青	老观村柳洲十组	配偶
张博文	老观村柳洲十组	子
何忠心	老观村柳洲十组	户主
朱小玲	老观村柳洲十组	配偶
何俊文	老观村柳洲十组	子

何小道	老观村柳洲十组	户主
古兰英	老观村柳洲十组	配偶
肖小托	老观村柳洲十组	户主
王凤英	老观村柳洲十组	配偶
肖海玉	老观村柳洲十组	次子
肖　菲	老观村柳洲十组	二女
肖　圆	老观村柳洲十组	孙女
赵均杰	老观村柳洲十组	外孙子
何龙保	老观村柳洲十组	户主
鲍建美	老观村柳洲十组	配偶
何志芳	老观村柳洲十组	长女
何　苗	老观村柳洲十组	二女
何四清	老观村柳洲十组	户主
孙　芳	老观村柳洲十组	配偶
何美名	老观村柳洲十组	女
王　意	老观村柳洲十组	户主
朱桂凤	老观村柳洲十组	配偶
王　健	老观村柳洲十组	子
徐保平	老观村柳洲十组	户主
陈小春	老观村柳洲十组	配偶
陈　剑	老观村柳洲十组	子
王德保	老观村柳洲十组	户主
莫娇月	老观村柳洲十组	配偶
王　彤	老观村柳洲十组	女
王　茹	老观村柳洲十组	长女
何忠海	老观村柳洲十组	户主
马慧香	老观村柳洲十组	配偶
何孝文	老观村柳洲十组	子
何容容	老观村柳洲十组	女

焦卫文	老观村柳洲十一组	户主
鲍声翠	老观村柳洲十一组	户主
胡瑞进	老观村柳洲十一组	配偶
方志成	老观村柳洲十一组	户主
陈根兄	老观村柳洲十一组	配偶
方　伟	老观村柳洲十一组	次子
方梓欣	老观村柳洲十一组	孙女
汪丰收	老观村柳洲十一组	户主
马翠平	老观村柳洲十一组	配偶
汪　祥	老观村柳洲十一组	子
汪　莉	老观村柳洲十一组	女
朱美珠	老观村柳洲十一组	母亲
陈广仓	老观村柳洲十一组	户主
何姑姐	老观村柳洲十一组	配偶
陈强锁	老观村柳洲十一组	子
陈红玉	老观村柳洲十一组	女
周光明	老观村柳洲十一组	户主
王玉年	老观村柳洲十一组	配偶
周　泉	老观村柳洲十一组	子
汤淑辉	老观村柳洲十一组	母亲
仰宗保	老观村柳洲十一组	长子
朱敦范	老观村柳洲十一组	户主
汪德胜	老观村柳洲十一组	户主
汪东菊	老观村柳洲十一组	配偶
汪　安	老观村柳洲十一组	次子
鲍生香	老观村柳洲十一组	户主
王　涛	老观村柳洲十一组	子
杜小丙	老观村柳洲十一组	户主
何腊姐	老观村柳洲十一组	配偶

杜跃进	老观村柳洲十一组	户主
杜巧兰	老观村柳洲十一组	配偶
杜　靖	老观村柳洲十一组	子
汪　赟	老观村柳洲十一组	户主
汪永怡	老观村柳洲十一组	女
方　超	老观村柳洲十一组	户主
陶小红	老观村柳洲十一组	配偶
方润喆	老观村柳洲十一组	子
方祯嫒	老观村柳洲十一组	女
朱玉胜	老观村柳洲十一组	户主
胡宝玉	老观村柳洲十一组	配偶
朱美玲	老观村柳洲十一组	女
仰宗胜	老观村柳洲十一组	户主
胡益珍	老观村柳洲十一组	配偶
仰永友	老观村柳洲十一组	父亲
章祝平	老观村柳洲十一组	户主
王　静	老观村柳洲十一组	儿媳
缪克保	老观村柳洲十一组	户主
李凤英	老观村柳洲十一组	配偶
缪成云	老观村柳洲十一组	三子
鲍家秀	老观村柳洲十一组	户主
施国兵	老观村柳洲十一组	子
陶黎黎	老观村柳洲十一组	儿媳
施凯扬	老观村柳洲十一组	孙子
何金华	老观村柳洲十二组	户主
洪成香	老观村柳洲十二组	配偶
何家兵	老观村柳洲十二组	户主
徐　红	老观村柳洲十二组	配偶
何　杰	老观村柳洲十二组	子

汪金娥	老观村柳洲十二组	户主
焦三洋	老观村柳洲十二组	户主
罗淑华	老观村柳洲十二组	配偶
焦照江	老观村柳洲十二组	次子
焦玉荣	老观村柳洲十二组	二女
焦　杰	老观村柳洲十二组	孙女
赵智萌	老观村柳洲十二组	外孙子
焦卫东	老观村柳洲十二组	户主
丁以平	老观村柳洲十二组	配偶
焦智刚	老观村柳洲十二组	子
焦卓云	老观村柳洲十二组	长女
何晓山	老观村柳洲十二组	户主
杨文芝	老观村柳洲十二组	配偶
王长根	老观村柳洲十二组	户主
朱小凤	老观村柳洲十二组	配偶
王金号	老观村柳洲十二组	长子
莫娇英	老观村柳洲十二组	儿媳
王西平	老观村柳洲十二组	孙女
王银号	老观村柳洲十二组	户主
王珍兰	老观村柳洲十二组	配偶
王　宇	老观村柳洲十二组	子
王明慧	老观村柳洲十二组	女
焦瑞锋	老观村柳洲十二组	户主
张　玲	老观村柳洲十二组	配偶
焦骏杰	老观村柳洲十二组	子
焦照福	老观村柳洲十二组	户主
丁兄友	老观村柳洲十二组	配偶
焦瑞征	老观村柳洲十二组	户主
焦　豪	老观村柳洲十二组	子

徐幕林	老观村柳洲十二组	配偶
朱成航	老观村柳洲十二组	子
朱　伟	老观村柳洲十二组	长女
朱佳佳	老观村柳洲十二组	二女
朱道璋	老观村柳洲十二组	父亲
张牡丹	老观村柳洲十二组	母亲
王世龙	老观村柳洲十二组	户主
鲍家萍	老观村柳洲十二组	配偶
王　欢	老观村柳洲十二组	女
童朝庭	老观村柳洲十二组	户主
谢贵菊	老观村柳洲十二组	配偶
童忠发	老观村柳洲十二组	户主
孙如娟	老观村柳洲十二组	配偶
童阳光	老观村柳洲十二组	子
童心院	老观村柳洲十二组	女
童月星	老观村柳洲十二组	女
肖习英	老观村柳洲十二组	户主
周宗国	老观村柳洲十二组	户主
姚月香	老观村柳洲十二组	配偶
周　瑶	老观村柳洲十二组	女
童忠海	老观村柳洲十二组	户主
韩爱华	老观村柳洲十二组	配偶
童高强	老观村柳洲十二组	子
童盼盼	老观村柳洲十二组	女
焦瑞文	老观村柳洲十二组	户主
焦瑞生	老观村柳洲十二组	户主
胡亨芳	老观村柳洲十二组	配偶
焦敏萱	老观村柳洲十二组	女
周爱莲	老观村柳洲十二组	户主

钱江华	老观村柳洲十二组	次子
钱　欣	老观村柳洲十二组	二女
钱　茹	老观村柳洲十二组	孙女
何家文	老观村柳洲十二组	户主
汤先霞	老观村柳洲十二组	配偶
汪世新	老观村柳洲十二组	户主
王世平	老观村柳洲十二组	户主
王寿山	老观村柳洲十二组	父亲
王　森	老观村柳洲十二组	户主
汪翠平	老观村柳洲十二组	配偶
王　亮	老观村柳洲十二组	次子
钱小华	老观村柳洲十二组	户主
钱青青	老观村柳洲十二组	女
钱　婧	老观村柳洲十二组	二女

第十五章 姓 氏

老观300年来，因洲逐年增大，田野平旷，舟车出行便利，是以移民逐渐增多。老观居民多杂姓，移民主体多来自周边山区和江北无为、枞阳等县。在数百年繁衍生息中，演变为朱氏、继年堂王氏、章氏、汪氏和查氏等大姓。本章重点介绍老观朱、查等大姓，力求厘清老观建村史、移民史。

第一节 朱 氏

老观朱氏，肇始于西周，先祖曹姓，封于邾地，后楚灭邾，邾国贵族逃散，为不忘根本，因地为姓，遂有朱氏。

朱氏一族星散之后，流布于中国，子孙繁衍日众，以成大姓。朱氏先人衍至汉代，人才辈出，出现了朱云、朱穆等诤臣直士。至唐，有朱彪、朱濬等缙绅，以气节和德行承续先人精神，下启孝子贤孙。至宋，朱氏大发异彩，朱熹以文采德业，续圣人之心传，开儒家之新篇。朱氏子弟遵祖训，守家规，笃宗族，和乡党，敦孝廉，重农桑，尚节俭，明礼让，务本业，守法纪，以是愈发枝繁叶茂。

老观朱氏与江西婺源朱熹同族。宋时七十二代世祖相七公由婺源经池州，沿江选胜地而卜居于江村圩，斩草筑庐，编芦为席，围湖造田。传九十七世，朱氏日益庞大，廷栋公（邑庠生）于清乾隆后期（1780 年前后）带领族人迁居老观。

当是时，老观泥沼湿地，芦花无边，常见鹳鸟飞而人烟少。老观朱氏先民披荆斩棘，节勤节俭，艰苦拓荒，累年累月而有耕读世家，而成铜陵望族。廷栋公生于乾隆二十年（1755），卒于道光五年（1825），生有 5 子 21 孙。子孙中有庠生、太学生、贡生等十余人，一时文采风雅，门楣显赫，隐然有延续婺源朱氏之势。

越数世，朱氏枝散叶阔，瓜瓞绵绵，本地资源不足以繁衍生息，是以朱氏开始外迁。这是老观朱氏虽经 12 世繁衍，历时 230 余年，到目前仍不足百户、人口不过 200 的原因。在这两百余年之中，老观朱氏运与国同，或振兴，或颠沛。新中国成立后，朱氏一族鼎力共和国建设，为国为村为民。他们之中，有土改时任第一任村长的朱敦煌，有老观合作化带头人，老观村主任、党支部书记朱敦武，还有在改革开放后勇立潮头并取得成功的朱国正等。

第二节　查　氏

查姓本姬姓，宗属周王室，系伯禽后代，于周惠王时肇封于查邑——即今山东济阳，后渐以地而得姓氏。绵延而至晋，永嘉之后，因避战乱，查氏分迁各地，其后数百年间，世系难究、难考。

在漫长的繁衍过程中，查姓形成了许多郡望，主要有海宁郡、齐郡、济阳郡等，其人口遍布全国，主要居住地有辽宁清源、山西太原、陕西韩城、安徽泾县、江西金溪、江苏武进、丹阳等。查姓在中国姓氏中排行171位，如今约70余万人，人口以安徽和江苏两地为多。

老观查氏来自泾县查氏。隋大业三年（607），查氏第39世祖查文熙明经登第，受封为天台宰，任宣州刺史，长年往返于宣州、池州两府之间，途经许溪时，为此地风物所感，乃有定居之意。唐武德八年（625），文熙公致仕后，迁徙于三溪（今之泾县岭溪、石溪、许溪）河畔，开辟村落。因许溪最大，查氏将溪左命名为济阳，溪右为查村，合而为查济。

定居查济以来，查氏一脉文运昌盛，代有人才，相继为官于唐宋两朝，查济成为查氏一脉的昌隆之地，文熙公也因此被尊为泾县查氏一世祖。

宋宣和年间（1119—1125），59世祖查远（念八公）登进士第，官封浙江都司、光禄正卿，其后裔常年奔走于江浙赣等地，或经商或为官，查济查氏开始分蘖，在浙江海宁、江苏丹阳、江西婺源开辟了新的村落。自此之后，查姓也随之分出多个支系，居住在泾县的为“震山派”，居住在婺源的称为“龙山派”，浙江、江苏皆各有派，而查远被查济查氏视为震山派一世祖。

传七世，至六十六世祖查郁。公字忠十，号若棠，生于南宋理宗绍定五年（1232），卒于元延祐五年（1318），享年88岁。公自订查姓男性排行，共设40代，女性又排32代。

忠十公家规森严，生6子，皆有学问声望。公有孙36人，曾孙108人，蔚然深秀而成大族。明成化十年，查氏第七十世孙图源公主持特修泾川“查氏宗谱”，以查远为泾川一世祖，后由毅斋公续修，称忠十公为中兴祖。自此，泾县查氏一脉人事俱有记载，历历可考。

明嘉靖年间（1522—1566），查济永镏公三子伯遂公迁往铜地。

始居近市耆，后建圩造田，名为“查家圩”。据宗谱载，自迁徙以来，伯遂公一支枝叶茂盛，又分迁于周边谢家垄、炉锡嘴、程柏村、仁丰圩等处。

约在清咸丰六年（1856），在铜查氏族人倡议以伯遂公为始祖，首修查氏支谱。民国四年（1914）、民国三十七年（1948），宗谱两度重修，近年再度重修，查氏族人已由1948年的1382人增至1857人。自伯遂公迁铜以来，传至懋字辈已有20代，有史450余年。

老观查氏与城北村查家圩同为一族，同宗而派系有别，迁徙年代亦有不同。上夹口查氏略早于里牛滩查氏，一在乾隆年间，一在道光年间，分别于1780年至1830年前后迁入铜陵。经过一百多年的发展繁衍，至新中国成立前夕，老观三房查氏已有20余户150余人。

截至目前，自老观走出去的查氏两三代人约近百人。他们之中，有教师、医生、党政干部、工程技术人员等。

据查氏宗谱记载，查氏初来老观之时，斩木为梁，抟土为墙，披荆斩棘，披星戴月，开荒种地，繁衍子孙，以至薪火相传，代代不绝，而有今日之盛。

第三节　王　氏

老观继年堂王氏始祖为周灵王太子晋，其二世名司徒宗敬，号王家，后以氏为姓。传至十七世为威武侯，名离。离生子二，曰元，曰威。元公为避乱迁至琅琊、临沂各地，威公独居太原，为王氏另一支派。约在公元前60年，元公传至五世而有孝廉谏议大夫等官职，再经九世至明威侯，再五世又传至端国公璧之父，计为四十九世。

璧字大献，于唐咸通年间（约在870）官至光禄大夫、兵部尚书，后迁居歙州苦竹港，遂成新安巨族，为新安一世祖。大献公生九子，八子思谅为通议大夫，传至十五世而至千七公。约在元至正年间（1342年前后）由千七公自歙县苦竹港迁至南陵三溪钱家桥，传九世，又由宗敬公于明嘉靖壬午年间（约1522）迁至铜陵钱家湾。

宗敬公生子二人，曰继年，曰继华。继年公生二子，曰述黄，曰述圣；述黄生子一，曰应祥；述圣亦生子一，曰应增。因老观嘴江滩开发、围滩造田等因，应祥、应增公相约，于1750年前后，由钱家湾迁至老观嘴，以耕读为生。

应祥（二十七世）生子二，曰茂转，曰茂香。茂转生于1701年，生子二，曰大受，曰大容；大受生于1732年，生子二，曰学谦，曰学雪。大容生于1746年，生子五，曰学玉、学保、学康、学源、学全。学源生于1773年，为奎照高祖。

应增（二十七世）生子三，曰茂富、茂齐、茂秀。茂富生于1740年，生子二，曰大喜，曰大寿。大喜生于1773年，生子七人，曰学栋、学梁、学道、学达、学诗、学智、学齐。如此历200余年艰苦创业经营，以有老观嘴继年堂王氏一脉。

截至目前，王氏家族总人口约450余人，其中，常住老观人口约200人上下，另有约200余人自抗日战争期间至目前走出老观，奔赴全国各地，从军、参政、从教、经商等。

第四节　李　氏

康熙年间，老观李氏先祖正甲、正榜二公，由无为县凤凰景（今无为县凤凰桥乡）迁至松树上（即五松山）脚下，在天井湖畔落户安家。乾隆年间（约1772年左右），老观李氏十五世祖正甲公支下心欢、顺显二公，受安平乡重新仓屋（今义安区安平乡重新村）雇用，管理柳州圩滩柴场。经柳氏允诺，心欢父子开垦了南岗头。以此肇始，李氏先祖复垦夹口江边至今日龙潭湾李家墩的荒地，正式落户老观，繁衍生息，始有今日老观李氏。

李氏是大姓，古往今来，人丁兴旺，人才辈出。老观李氏自心欢父子始，经300年繁衍，现有人口360余人，除居住老观村外，又有支系迁居邻村全兴村和顺安镇等。改革开放以来，李姓有少数人居住于深圳等地，从事建筑、教育、医疗、商业、传统手工业（酒坊、面坊、豆腐坊等）、屠宰业等行业，本地李姓仍以农耕为生。

300年中，老观李氏贤才辈出。略记于下：

官春公　公与其弟官运公组建营造队伍，约100人，以建筑、装饰、木雕为主，为大户建造宅院、园林，承接庙宇、民宅建造，其活动范围遍及铜陵本土及周边如青阳、南陵、泾县等地。

清秀公　儒生，术业深博，终生以教书育人为业。其为人也谦睦，其待人也和蔼，其育人也兢兢，其扶贫惜弱也慷慨。老观子弟，师从清秀公者多矣。公以清隽师品、高风亮节尊崇于乡里，高标于子孙。

李道德　号朝凯（1903—1983），居住上夹口，经营豆腐坊、面坊，精于木工。抗日战争和解放战争期间，受内弟陈爱熙（新四军支队政委），表弟史来水（游击队队长）影响，始为共产党传送情报、输送物资等。陈、史二人秘密自江南去往江北，多居住在此，李公掩护未有差池。

李公是老观最早农会主要成员之一。新中国成立初期土改时，由于他熟稔土地所有权人，提供的土地依据实事求是，不偏不倚，为老观阶级成分顺利划分做出了贡献。后乡村开展水利建设，他积极提供参考依据。人民公社时，他被委任为农具厂负责人，加工、改良农具，培养了一批优秀木匠。

第五节　其他姓氏

老观多杂姓，除上述姓氏外，还有汪、章、丁、徐、胡、齐、谢、邹、周、江、殷、韩、焦、苏、陶、杜、杨、袁、沈、何、谷、夏、蒋、张等24姓氏，绝大多数迁居老观较晚，约在民国初年以后，极少数姓氏为晚清迁入，多居住于西小圩邹墩、江墩，西大埂圩里李墩、周墩以及湖后埂等自然村，人口多的十余户百余人，少则一二户，不足10人。后经地理变迁、人事变化，小的自然村不复存在，如上夹口及西小圩邹家、江家等都分别迁居于后埂、龙潭湾。兹就汪、章二姓简要介绍。

汪氏　据汪氏支谱及汪氏族人汪春茂回忆，老观汪氏与本乡姚汪村汪氏同族同宗。约在清嘉庆年间（1896—1820）由汪氏八十二世祖“正”字辈首迁老观，也是最早迁入老观的姓氏之一。自八十三世延续至今已九十二世“延”字辈，历200余年，共有十世，目前常住老观有百余户200余人。

章氏　老观章氏属五松梅塘章氏一脉，于清乾隆年间（1800年左右）首迁老观开基创业，历经200余年，目前有200余人。章氏历史悠久，系姜太公后裔，其祖先受封于鄣地，后以章为姓，迁徙日多日繁，流于豫章、浦城、蓉城等地，至宋朝卜居于铜陵梅塘，为五松章氏。梅塘章氏自古遵循祖训，明理义，知廉耻，孝亲敬长，睦里扶孤，合族人丁兴旺，事业日兴。1949年建国后，章氏人才辈出，有出士为官的章尚宽、章国平，有诗词著作多本的章尚朴，有国家一级演员、辽宁省杂技团演员章立功等。

第六节　新中国成立前后（1949）原鹳鸣村常住户主名录

一、上夹口

查云松	查云山	查全元	查文华	查文斌	王建国	王建功
杜家才	杜先章	江月楼	查玉枫	李朝凯	李道祥	徐德胜
李道胜	丁本善	章家和	章大妹	章和生	朱福基	章小牛
杜家顺	杜万年	杜彭年	章渭贤	王子香	章元发	王来根
章贤铎	章家守	查全忠	查全济	章金荣	章渭清	章渭伦
章生财	汪槐青	章扶亚	章溶川	章济川	沈治璋	章尚文
章柳根	章八子	丁铭顺				

二、里滩

查全模	查守宝	查福仁	查仲甫	查全明	查全美	查全来
王子福	王子兴	王子贤	王培槐	王玉舟	王玉松	王玉山
王时来	汪永贵	章鹤年	章家喜	章家友	章家铎	章家修
章家云	章家富	章广发	章家庆	章茂林	章家义（玉良）	
章晓楼	章家仁	章家余	王伯伦	王祥安	王用舒	王致中
王用儒	王安太	王建贤	王用洲	王锦堂	曹华林	曹言加
曹长卿	曹佐才	曹大荒	汪万余	汪春廷	汪春生	汪春新
王春旺	汪江河	汪万余	汪玉槐	汪佩云	汪木林	汪春先
汪万全	汪万衡	汪永泉	王华封	汪有余	汪春回	汪春美
汪春西	汪来寿	汪金铎	汪春阳	王增寿	汪春茂	汪春培
汪春芳	朱敦厚	朱敦煌	朱敦五	朱敦倪	朱二田	朱三田

朱小五	朱敦武	朱敦云	朱敦才	查连科	朱道南	朱舜武
杨正青	丁和发	朱道元	朱到奎	朱小发		

三、江、邹、李套边

王良模	王良楷	王益山	王移山	齐继太	邹太平	邹富年
邹大行	邹小行	江龙甫	江农运	江龙文	江边运	邹时安
苏中林	李永生	李永茂	袁有礼	周玉廷	周跃廷	周汉廷
周久东	周大安	周小安	周新满	王海千	陶有根	徐来根
杨长道	汪有来	汪哲仁	汪世才	徐根喜	齐连发	齐继贤
齐继元	杨根明	王德进	杨长水	徐金满	王荒你	汪万宽

四、后埂

杨有良	丁华倪	丁小五	丁长怀	丁长来	丁老汉	丁玉祝
王鸿飞	沈喜元	王时贤	王占鳌	王时能	胡响生	胡谦和
胡金洲	胡谦洲	胡谦海	胡谦为	胡谦能	徐雨生	徐小牛
徐洲倪	徐大松	齐应才	韩月来	谢根炳	谢应才	谢富有
殷有青	谢富为	谢富洲	谢富春	谢开云	谢安生	谢富仁
谢可有	杨普来	焦金波	焦山长	焦二长	焦正宏	焦山寿
焦宗月	焦根牛	焦山羊	殷有松	何继来	殷有发	古天河
朱品华	朱麻子	张宗元	夏可云	李治刚	徐必富	陈大亢
徐来喜	徐西达	徐老虎	徐才保	谢富宽	焦三青	夏发青
焦宗明	齐来喜	徐　杰	何继甫	何继奎	蒋立开	王岱山
李德喜	张宗来	汪三才				

▶▶ 卷四　艺文志

第十六章　诗　文

老观自古风雅，诗文之风，吟咏之兴，百年不绝。今遴选若干，以为一章。所承续者，先人也；所记录者，故事也；所缅怀者，故地也。另附文章若干，或写人，或记事，或咏风物，以示继往开来。

第一节　诗　词

王泽民（四首）：

游九华山

路转盘旋上九华，重峦叠嶂接天涯。
穿云登上魔空岭，笑指芙蓉九子花。

感　怀

幼年离乱别，六十始相逢；
相对心起伏，抚今梦幻中。

重 游

故土重游感慨多，山河风貌辨如何。
乡亲相见不相识，彼此称名忆旧模。

退 休

宦海浮沉四十春，退居二线一身轻。
老来学会养生道，寡欲清心度后生。

查日昂（五首）：

江城子·行医抒怀

行医故里鬓须斑，历沧桑，志犹强。辨证思疗，救死又扶伤。喜看病人康复后，真切笑，慰心房。

人云赤足又何妨，学医章，重临床。只有真情，夜诊不嫌忙。敢教乡亲多受益，无费用，采单方。

咏芍药

姿艳体娇爱煞人，千红万白共芳馨。
春花开尽容方露，迎得夏来送走春。

读《五松山诗词》有感

百花齐放香又馨，更喜春城又向荣。
老树新枝尤艳丽，风骚不负有心人。

雪夜诊归

半夜行诊半夜忙，求恩医德记心间。
冰池月照粼粼影，雪地星辉闪闪光。

寒气凌人双足冷，凛风刺骨遍身凉。
谁家篱畔梅花笑，散尽幽香伴我还。

神州问答

神舟直上遇吴刚，聚会之时细叙谈。
久别家乡常想念，离开故土断愁肠。
飞船讲说人间事，大地改旧换新装。
人间处处新气象，棉花稻谷积成山。
纵横道路连成网，偏喜彩虹跨大江。
科技兴邦凭教育，寒窗学子不偷闲。
一星两弹国威震，铁马金戈筑铜墙。
泛浪蛟龙拦腰斩，截江储水发电忙。
西疆开发顺民意，民族同心斗志昂。
港澳回归圆玉镜，山河一统盼台湾。
山清水秀风光好，吴刚嫦娥思故乡。
不守天宫寂寞苦，驾驭神舟离广寒。

邹万福（七首）：

金秋即景

少女成群村野游，领巾红艳映金秋。
歌喉婉转流行曲，竞摘黄花插满头。

自来水

江村儿女引长龙，牵到千家万户通。
改水为民谋福利，兴农大计党群功。

老观村油厂即景

灶火燃烧袅袅烟，健儿操作技能娴。
协调运转机鸣唱，油液飘香似涌泉。

贺汪世本乡野文化棚揭牌

春风荣天地，万物竞中生。
罕见新姿靓，集贤文化棚。

悼汪春茂先生

狂飙吹折老梅枝，噩耗惊闻泪湿衣。
汗洒校园桃李茂，情牵杏花爱心慈。
名言佳句云笺在，雅韵清词挚友知。
拼向吟坛添锦绣，从此诗苑缺君诗。

读“校园新声”联想

童歌激荡五松冈，塑育新苗作栋梁。
屈子骚篇存浩气，文公雅句永流芳。
岳飞提旅摧顽敌，鲁迅挥毫促曙光。
唯有贤才多爱国，更无诗秀是豪贪。

老观社区即景

群楼俊俏盖头红，景秀人文显锦容。
青少体场迎旭日，老年会馆唱春风。
园林献媚人陶醉，诊室情真意合融。
一派农家新气象，丹青高手画难工。

王世隆（二首）：

游老观嘴

采风老观村，极目地生金。
蜂蝶狂飞舞，欢迎远客临。

再赋老观嘴

今游老观特开心，满眼黄花灿若金。
绿草如茵春意好，里滩处处物华新。

章尚新（三首）：

到老观

血肉情深醉梦魂，难忘故里老观根。
不辞辛苦编新史，代代相传裕后昆。

赞铜胥路扩建和村村通公路

昔日泥泞不便行，今朝油路四通城。
中巴的士随心欲，免去汗流梦里惊。

春日有感

春园百草吐新芽，万树林中鸟雀喳。
甲子有余无所事，晚风夕照乐余霞。

王延庆（一首）：

贺小乐超市开张

超市门庭人百千，开张大吉迎金钱。

琳琅满目东西货，价格公平南北鲜。
男女皆宜种类足，翁童适用品牌全。
城乡一体同昌盛，社会和谐乐万年。

查全模（十七首）：

辛卯年重阳应老鹳村之邀返乡会友

金秋十月庆丰年，游子归乡带笑看。
地锦天蓝西大埂，日新月异里牛滩。
村前白鹭翩翩舞，宅后青荷朵朵妍。
感谢诸君情意重，飞觞叙旧喜团圆。

夹口往事（五首）

一

曾住老观夹口边，开门江水半连天。
江豚逐浪有风讯，落日余晖照暮烟。

二

借居上夹口，门系钓鱼船。
夜听鸥争闹，早闻渡口喧。
芦苇飘白絮，枫叶染江滩。
月影江中现，人行天地间。

三

帆去纤来舟自横，花开花落四时青。
此情此景今何在，已是沧桑岁月更。

四

常思往事立江滨，惆怅引人至夜深。
昔日小街沉日月，今朝垂柳伴松筠。
渔翁叹息难张网，鸥鹭飞翔找旧邻。
沧海桑田多变化，乡心离绪白头吟。

五

江中一岛遍兼葭，间植槐场景争佳。
两岸和风摇绿叶，一滩明月照银沙。
机船来往均方便，涉水漫游也不差。
他日若能开酒店，知章宁荦定加夸。

昔日江心沙滩

秋高气爽碧云秋，青草萋萋争更柔。
远眺江心金灿灿，渔人一桨散眠鸥。

柳洲春秋吟

柳絮飞扬贴绿窗，村南麦浪尽芬芳。
密林栖鸟晨曦唱，惊动野花露水香。

忆老鹳芦场

芦苇百顷满沙洲，景色宜人在九秋。
夜半风霜花似雪，惊飞孤雁乱沙鸥。

1949 破圩遇险

洪水不留情，家家泽国行。
小盆无后舵，双手不能停。
浪涌如花落，漩涡船自横。
惊涛身洗水，乘势免盆倾。

忆 1954 年大水（两首）

官庄圩埂已飘摇，水浸堤身已不牢。
多处暗流浑水出，汀州淹没水齐腰。

山洪潮水猛，冲破老观洲。
蛙跳芦苇屋，鱼惊逐浪游。
橹声穿巷过，帆影树梢头。
农舍皆坍塌，庄稼全绝收。

感 怀

家居夹口小江滨，晨看朝霞暮看云。
芳草岸边帆影动，垂杨深处笛声轻。
今朝旧景何方觅，昔日风情那处寻。
渐老人生怀往事，斜阳夕照恋黄昏。

忆私塾（二首）

数檐茅舍几窗明，断续传来朗朗声。
偶有顽童私窃语，先生拍案四方惊。

馆近长江对白云，三余新柳作乡邻。
儿时幸得经书读，感谢先生教诲恩。

回　乡

盈眸柳絮乱飞扬，偷得闲暇踏故乡；
老友身强农事乐，儿童康健读书忙。
茅檐数列当年苦，别墅三层今小康；
奋起直追新四化，中华美梦更辉煌。

三余圩眺望江渚

洋槐芦荻舞蹁跹，湍急江流绕一圈；
鸥鹭翱翔旋往返，鱼虾浮渚态悠然。
长堤绿带车流水，栉比红楼翠竹烟；
生态宜人常醉客，蓬莱岂比此沙滩。

汪春茂（七首）：

无　题

喜庆光辉五十年，国富民强众欢颜。
文明规范兴仁政，科技创新改自然。
反腐倡廉人意暖，秉公执法德名传。
千难万险有何惧，十亿炎黄永向前。

贺王仲廉夫妇七旬双庆

中秋佳节桂飘香，鹤寿古稀体健康。
孝顺儿孙欢绕膝，知心亲友喜登堂。
芝青兰秀流芳郁，柏翠松苍呈吉祥。
桃李满园师道重，期颐祝寿仰鸿光。

吟拐杖

龙头拐杖伴龙钟，无奈微躯病几重。
心力不支难跃马，凭君相助步从容。

放飞风筝观后

扶摇上九重，昂首步从容。
丽日凝清气，弦声起响弓。
凌空展彩翼，得意仗春风。
一线频遥控，高低运掌中。

乡村遣兴

自爱村居乐晚晴，四时景色供舒心。
春风燕剪天然景，夏日池荷暑气清。
秋菊东篱添酒兴，冬梅北苑伴诗魂。
小园足涉为寻趣，种草栽花自遣情。

春雪感赋

改革新潮瑞气呈，琼花点缀耀乾坤。
心随原野情舒阔，眼望长空视觉明。
天下害虫皆冻死，人间腐物显残形。
吟怀触景诗千首，雪兆神州万古春。

春　兴

市城未必胜村庄，春色无边满袖香。
紫燕衔泥营垒急，黄蜂酿蜜采花忙。
红桃胜似陶公处，白李疑如诗圣乡。

绿柳垂丝鱼戏水，青蛙振鼓谱新章。

王赣臣（一首）：

赞王奎照

秉性沉静，简默寡言；
天人学究，三绝韦编；
文场鏖战，茅竟列前；
血呕李贺，诏赴于天；
造物妒忌，令人凄然；
幸存硕果，枝荣叶鲜；
幽光潜发，厚有望焉。

章济川（一首）：

赞王少维

少读诗书，赋性聪颖；
壮执教鞭，陶镕后进。
业绍岐黄，救济生命；
公正无偏，社会亲信。

汪万怀（三首）：

赠尚朴（两首）

退闲喜得话江州，莫叹年华逐水流。
忘却利名无俗虑，争春桃李一时休。

老人今有几同俦，倏忽驹光数十秋。
不说沧桑多变换，晚霞灼灼映江州。

赠伯伦

刚逢又别情难尽，壮志犹兼气节高。
舍武从文为国计，毛锥胜似雁翎刀。

王采封（二首）：

西江月

秋　景

日暖天高云淡，江清案绿潮平。
几行飞雁下芦汀，一幅天然图景。
黄菊篱边蝶舞，丹枫林畔车停。
满畴棉花庆丰盈，盛世风调雨顺。

自　感

几经风雨度春秋，耄耋将临孰可求。
处世未忘勤补拙，毕生只与病为愁。
闲披医史嫌才薄，偶立江干看水流。
两袖清风堪自慰，任人笑我做黄牛。

王仲廉（四首）：

老鹳洲喜赋

其一

依坝傍江老鹳洲，方圆十里绿平畴；
春花灿烂铺金毯，夏柳葱茏缀玉旖。
秋月溶光棉锦艳，东阳开冻麦苗稠；
虽然不是苏杭地，素有天堂胜景幽。

其二

铜胥公路贯中央，无限风光在外滩；
回首钱湾星火旺，凝眸柳埂赤旌扬。
人才裕后乡声远，科教领先世泽长；
江水钟灵昌国运，小康路上泛崇光。

浪淘沙

夹口随笔

岁月几沧桑，夹口浪吟狂。江心芦岛茂林长。
两岸风光多旖旎，柳舞杨香。
忆昔更心伤，贼寇毁书堂。洪流洗尽庶民房。
今日雄鹰腾玉宇，展翅飞翔。

沁园春

柳州风情

昔日牧场，今日芳洲，大块文章。看柳丝滴翠，桃花缀锦；莺啼流韵，燕舞成行。江水滔滔，烟波渺渺，无限风光在外江。抬头望，弄潮儿破浪，千里扬帆。

欣然忆昔思今，抛缱绻情丝万缕长。那芦滩火种，增光天下；柳州风范，造福人间。割去羊肠，削平坎坷，欢乐坦途步小康。谁擎笔，信天工造化，疑是钱塘。

齐宗望（八首）：

春日致夏可云

春风又绿江南岸，彼美人兮梦几回。
负笈程门眠大被，谈经千柳自樵炊。

堪怜李密悲身世，易老冯唐未展眉。
闻道欲来频下榻，蓬门何日壁生辉。

美南第十八年祭

阴阳相隔十余年，手足情深魂梦牵。
旧宅已随人去殁，墓田遥望白云边。
萋萋野草迷踪迹，点点寒鸦入暮天。
音容笑貌常人心，仿佛依稀在眼前。

思　乡

偶见滩头吐白芦，乡情未了歇归乎。
厂边剩有同庚友，庄内已无旧日庐。

日食（二首）

环如钻石冕如虹，疑是长河落九重。
天狗欲吞天外日，嫦娥舒袖广寒宫。
金乌未剪西山月，玉兔胡兴南国风。
乌木山头观日点，四方夸父都来铜。

神奇日食九州同，千载难逢一瞬中。
天狗无缘吞月日，嫦娥舞袖暗苍穹。

悼王道先

试问谁家竟发柯，文原星殁奈如何；
激扬文字清于吏，挥洒风生奏凯歌；
桃李成荫酬弱息，缕丝积履鱼遇婆。

老洲沉船有感（二首）

水火无情唯自抬，船工轻命亦难饶。
可怜棉妇为鱼鳖，稚子倚门空自嚎。

劫中桃李更芬芳，笠帽弦歌天外相；
三十年来情未老，人间正道是沧桑。

章尚朴（三十二首）：

柳州鹳鹭

一览苍波阔，晴空白鹭旋。
翎翻千点雪，影弄半湖天。
踏浪鹳鱼信，临滩曲颈眠。
忘机神寂寂，得趣舞翩翩。
破雾凌霄汉，吞霞落暮烟。
斯情何所适，欲去几留连。

还乡杂感

卌五年前别，还乡百感生。
寻根添白发，回首忆青灯。
明月无新旧，江流自古今。
壮怀图报国，弱冠尚征程。
身伴诗文老，知随阅历深。
炎凉赏世味，风雨识人情。
逐得千帆过，迎来万木春。
吟神连海宇，晚兴寄枫林。
不作陶公悔，难忘范子心。

园花常笑我，笑我葛天民。

观洲故乡四日行（四首）

屈指离乡四十秋，归来一一忆心头。
昔年亲友情如旧，只有儿曹问不休。

十里长滩几度秋，大江日夜向东流。
淘清多少兴亡事，赢得春风绿满洲。

长堤曲绕柳笼烟，万里晴空月正圆。
明月不知人易老，年年依旧照江天。

自笑平庸度半生，年来常起故园情。
江洲枕上频惊梦，窗外潇潇夜雨声。

注：1990年4月致谢上海姚志健同志惠赠《姚志健诗稿》一、二、三集，读后感赋。

陪友人王君泽民回故里

1986年5月，老同学王泽民离开故乡老观洲四十四年，自吉林归来，余陪其寻踪访友，甚感驹光倏忽，物换人非，追溯往事，感慨万千，乃成七律赠之。

观洲阡陌露华妍，久别还乡百感牵。
笑伴春风寻故友，留连旧雨慕归田。
花欣花有重开日，人叹人无再少年。
惆怅江头寥郭远，绿杨渡口夕阳天。

故乡老观夹口渡头溯往事有感

夹口，为老地名，属老观村，抗日战争时期，侵华日军横行江上，村头渡口，岗哨林立，来往过客，周围百姓，尽遭荼毒。是日旧地重游，追溯往事，感慨至尽，故成俚句志之。

故地重游忆旧痕，刀光剑影昔年情。
苍生济济生逢死，长夜茫茫夜不明。
寒月滩头云水岭，烽烟渡口客心惊。
红旗卷得降幡折，扬我中华故国魂。

过旧宅登跃先新楼怀念双亲有感

宅后村南柳色新，小楼新颖喜登临。
人行老观天仙境，鸟度沙洲鹊水滨。
慈母有知当喜悦，严尊无语也欢欣。
一生受尽风霜苦，梦里思亲泪湿襟。

忆夹口大沙滩

沙滩地处大江心，日渐沙淤堆积成。
孤雁黄昏来作客，双鸥白昼也为宾。
无垠沙堵常游戏，广袤芦苇遍足痕。
五十余年多少事，凝情旧地梦牵魂。

老观吟（八首）

初春龙潭

龙潭昨日雪初消，又见村姑浣紫绡。
洗去尘埃争斗艳，欢声泮水小鱼逃。

孤舟待渡

行经夹口[1]问前程，柳岸沙滩夕照明。
白鹭低飞烟出户，疏杨笑出舵公声。

红杨百鸟

红杨树上鸟争鸣，白鹭欲栖飞又停。
待哺雏莺啼叫急，人间莫过母亲情。

南岗远眺

四月南岗绿满畴，村前村后少人游。
棉苗茁壮当移植，弄罢春耕竞夏收。

千帆竞发

风歇樯桅密似林，千帆卷起覆龙鳞[2]。
宾愁夜泊污新货，主怕晨航撞旧痕。
北调南腔船上语，前瞻后顾舵公身。
天明风转扬帆去，夹口任留笑语温。

三余夏收

三余麦浪起涛波，喜了农民乐呵呵。
要问收成谁最好，勤劳一定比人多。

西埂放牧

青青水草牯牛肥，大小顽童角逐追。
缕缕炊烟横笛绕，歌声做伴牧童归。

芦荡欢歌

芦花霜降乱风飘，戴月披星夜静寥。
近入苇场声鼎沸，薪柴剔后再为茅。

注①：上夹口是地处老观嘴江边的一座古渡口，原先居有数十户人家，以经商兼农为生。渡口为天然深水港口，可通无为、土桥、牛埠，历代官府均未在此设立行政机关。为避市镇地痞流氓敲诈勒索和官府苛捐杂税，上下木帆船常在此停航留宿。尤其是夏天西南风季节，当上水船驶过胥坝以后，航向就变为逆风，大的帆船难靠背纤上行，只好在夹口阻风停泊，等待转变风向再行。这样，船舶多时达百艘以上。船的式样、大小不一，船主也来自不同地方。有一桅的，有两桅三桅的；有船楼的，也有平舱的。有湖南、湖北的，也有江西、四川的。每当商旅船只沿夹口江边一线排开，长达数百米，笑语沸腾，蔚为壮观。一般停泊时间长短不一，有时一夜，有时三两天。在此期间，船舶补充米蔬肉食，简做维修，十分忙碌。久而久之，形成了一个特殊集市。此地有酒坊、糖坊、豆腐坊、饭店、早点饮食店以及卖鱼卖肉的，还有铁匠、木匠、竹匠铺等。

余童年时代，经常约同学至江边游玩，看各式大小帆船，听南腔北调口音。有时也被邀登船，扒船舱，走船舷，好不新鲜稀奇，增长了一些见识。现在回忆往事，其乐无穷，特记之。

注②：龙鳞，即竹编席子，且有花纹。重复以桐油拂拭刷，乌黑发亮，能防雨。停航或下雨时盖于卷起的风帆之上，并用绳紧系成圆筒形放在前后船楼，远望似一条乌龙。

故里情思（六首）

世居五代老观洲，一去他乡五十秋。
昔日房基移别主，童年趣事愿长留。

群山印叠白云间，绿柳初齐别有天。
遥望铜官心惬意，长留故里养颐年。

昔日沙滩一片荒，而今柳树一行行。
雄鹰老倦知归里，愿学陶公种柳桑。

雾卷炊烟曙色含，棉田珠露碧涟涟。
村前宅后寻幽径，独立东皋半日闲。

晴辉初照柳洲圩，雨霁云低雾湿衣。
大地黄花金灿灿，蜂飞蝶舞伴君归。

白云绿水影随形，菡蕾花香引蝶蜻。
莫道潭澄鱼可数，家家饮用总关情。

乡居见闻

晚霞余一缕，眉月半空升。
风动微波起，吹开水上星。
荷锄归屋里，妻女出门迎。
漫步村前后，时闻笑满庭。

咏老观

鹳鸟群居处，鱼游浅水滩。
历经数百载，已近一千烟。
耕有承包地，居家道路宽。
中央政策好，人寿又丰年。

套边赏景

亭亭玉立众荷娇，白鹭一群似有邀。
一足悬空头绕颈，悠然自乐尽逍遥。

采桑子·重游故里（二首）

田园花草娇柔弄，举目春红，一片玲珑，蝶绕枝头花影重。
新晴庭院旖旎地，山色晴空，碧水澄泓，满屋芬芳忆旧容。

春风吹荡神州绿，袅袅垂杨，柳絮飞翔，燕语新欢找旧房。
佳肴盛宴衰翁受，举酒飞觞，满屋馨香，老友新朋聚一堂。

浣溪沙·游故地夹口忆昭铭老师

五十六年一瞬间，音容笑貌自怡然，谈文论赋妙言诠。
学子满堂听教诲，情深爱厚历霜寒，万千思绪意缠绵。

祝英台近·忆老观

小江边，深水港，夹口少风浪。片片归帆，来去自由往。商店三五毗连，繁荣兴旺。远声笛，牧渔齐唱。

好风尚，人人尊敬双亲，家家笑声朗。里滩户户书声，年年中榜。更难忘，黄梅歌唱。

浪淘沙·故乡夜

乡夜意如何？月上山坡。人随岁老故情多。往事眼前尤历历，一笑南柯。

断续鸟行歌，声出青萝。烟凝碧柳影婆娑，吹棉不寒两袖，莫问蹉跎。

第二节 古人咏老鹳

古人咏老观诗作，能搜集到的，仅以下两首五言律诗，摘自清乾隆十二年（1747）编纂的《铜陵县志》。

泊舟老鹳嘴

陈 岩

究究风生嘴，娟娟月印沙。
船头平压浪，棹尾捷成花。
老去常为客，愁来转忆家。
双棲疏影里，羡杀柳边鸦。

舟泊铜陵老鹳嘴

宋 荦[①]

曲港危墙密，空江落日圆。
故人初邂逅，野案共留连。
笋摘新蒿嫩，鱼烹小鲫鲜，
烛醪容易醉，好傍白鸥眠。

注①：宋荦，字牧仲，号漫堂，河南商丘人。生于明崇祯七年（1634），卒于康熙五十二年（1713），曾任黄州知府、刑部郎中、江苏布政使，江西、江苏巡抚，礼部尚书等职。为官五十二载。其中，在康熙三十八年（1699）任江苏巡抚时曾接待过康熙帝南巡。

第三节　文　选

难忘的上夹口

查全模

上夹口是一座沿江而立的小村，也是一座天然码头和乡村农副土特产品集散地，地处老观嘴西端，濒临长江东岸。依江而建，背靠老观圩，南距汀洲十华里，北至胥坝五华里，西与安平团洲、杨林隔江相望。上夹口历史悠久，早在200年前老观未建圩时，老观各氏祖先就在此安居创业。

上夹口是老观通往无为、庐江的一个节点，也是必经之路，往来行人络绎不绝。它又是一座天然码头。此处水深岸陡，江心又有一座沙滩，是挡风抵浪的天然屏障，还是铜陵至狄港长江段弯道最长、弧度最大的一段水道。每到夏季潮汛季节，江水上涨，江面宽广，上下大小帆船，绕过柳洲长江大湾后，往往迎面而来的是顶头西南风。由于涨水时流量加速，逆水行舟难，一些载重的大船只好就此停泊，待风向变更，再扬帆起航。有时西南风一刮就是数日，船舶便一天多过一天，最多时达数百艘。每当夕阳西下，天色昏暗，夜幕降临，渔灯村火，与月相映。船员们便三三两两登岸，走东串西，饮酒，购物，推牌九，打麻将，各寻乐趣。小街上吆喝声此起彼伏，非常热闹。

上夹口居民不足百户，亦农亦商，自然而形成街市。家家向日，户户朝阳。居民以农为主，兼营商业或手工业。其经营范围因人、因时、因事而异，有坐商和行商之别。行商主要是跑单班，帮农民推销当地土特产品，如春季的蒜苗、大蒜、蚕豆、豌豆、油菜籽以及大小麦，秋季则主要是玉米、黄豆等，多数是按当地市价收购，外运至芜湖、南京、常州、无锡等地销售，以赚取差价。也有少数人采取“货钱还山”的方式，按代销方式，赚取手续费。坐商（包括手工业作坊）则以家为固定门点，涉及多个行业，经营的商品皆以当地居民或过往行人所需之日用杂品为主，大致有南北杂货、油糖纸张、烟花爆竹、香烛纸马、应时糕点等，还有为客旅提供服务的行业如猪肉店、鱼行、酒坊、糖坊、豆腐店、小旅馆、小酒店和铁匠铺、木工坊、竹器店等。

因上夹口地处沙洲平原，上下二季物种比较少，兼之老观农民自有土地少，绝大多数农民耕地皆租属章、查二东家土地，赋税皆由业主缴纳。自古以来，上夹口均未设立行政机关或检查站所。过往行人或肩挑商贩，均无须人身检查或停肩验货。即便抗战时期驻有一小队日军，不论白天黑夜，他们都蜷缩在江边一座小瓦房里，三两人是不敢出来的。正是如此，当年新四军把上夹口作为安全通道，往来于皖南与无为之间。上夹口不仅是老观经济活动的主战场，也是全老观嘴业余活动的中心。

上夹口还有一处独特景致。昔日江中沙滩上无树木森林，为芦苇、沙滩各半，是儿童玩耍或成人赏景的好去处。每当秋冬之际，江水流量渐小，靠上夹口一侧有时几乎断流，人们可以步行至沙滩，行船则改走西侧主航道。冬至前后，江中沙丘全部露出水面，停滞在沙丘边的杂草、芦苇开始生根发芽，一片嫩绿。南迁的大雁、野鸭等水禽，在落阳斜照中纷纷降落于此，在浅水江滩觅食嬉戏。鸟类的和鸣声此起彼伏，是一派沙鸥翔集的水乡美景。而在沙滩的下游转弯处，有一片回流水域，每当傍晚，红日西斜时分，从上下游不约而同聚集而来的小渔船有数十艘之多。先是一字排开，而后逐步靠拢，围成一圈，无须下令，同时撒网，在夕阳万道金光耀眼之际，形成一幅渔舟唱晚的绝妙佳境。

沧海桑田。三十年河东，四十年河西。一百年前的繁华小街，由于崩江所致，而今已变为平地，昔日小沙滩如今已是森林茂密的林场，而那些圩埂、耕地、民房也有的崩塌成了长江一侧的航道。

忆父亲

王仲伦

1989年7月4日，《安徽日报》以“王安澜同志去世”粗体黑字标题，在醒目位置报道了我父亲6月30日因病不治，在芜湖去世的讣告。

父亲1915年冬出生在铜陵县太平乡（编者注：现义安区西联镇）老观村的一个大家庭里。曾祖父母共育有7男4女，在当地算是大户。曾祖父重视子女教化，让他们从小进学研修文化。我祖父成年后开塾授徒，并在乡间行医提壶济世。

我祖父生有我父亲和姑母2人。祖父身经清光绪、宣统两朝以及民国军阀混战、国共战争时期。辛亥革命后，祖父在而立之年，外出较多，自然阅历也多，深刻体会到社会混乱，世事不公。像所有觉悟的知识分子一样，他萌生了民生、民权、民主思想。1934年，父亲在家乡不远的胥坝明伦堂小学，经共产党人苏托（编者注：拓，下同）夫、沈了痴（和尚）介绍，秘密加入了中国共产党。

加入中国共产党，在当时国民党统治下的铜陵，是一件犯忌的事。那时人们认为共产党是“土匪”，加入共产党就是当“匪”。但是，我父亲做出了这一重大决定，这是他一生的光荣，一生的先知先觉。

几十年后，父亲和我谈及此事，说在南岗头（家乡地名）开过两次会，大约七八个人。苏托夫同志主要是讲共产党是干什么的，说目前的任务就是动员大家到江西当红军。他又说，有材料说我是第一任支部书记，我不是，从来没人和我说起。后来，白色恐怖严重，苏托夫走了，他就没活动了。对照历史，我现在明白1933年至1934年，“左倾”机会主义者统治了中央苏区根据地。根据地在江西，我的家乡离江西不远。当时要扩红招兵，扩大根据地。我父亲几十年后闲谈的话，能符合当时的历史情况。

1935年，铜陵县地下党有人叛变，铜陵中共党组织即遭破坏。有两叛徒从铜陵县传话说，我父亲也是共产党，要立即赴县自首。祖父得到消息，即到铜陵县要代子受过，但那两个叛徒不买账，迫使我祖父不得不带着我父亲办了自首手续。这就是我父亲的第一个历史问题。

办完自首，经短期所谓“感化”训练后，我父亲回到家乡，依然积极寻找党组织。他认为这件事是叛徒告密，祖父代为，不是什么大事，还要继续当共产党。他找不到苏托夫，就找到了铜陵早期中共党员章啸衡，并协助章先生于1938年树起了抗日游击纵队的大旗。后经新四军军部任命，铜陵新四军抗日游击大队正式成立，我父亲被任命为第二中队中队长。

约在1941年，父亲已在江北新四军临江公安局工作。当时，他是公安局审讯股长，奉命过江到铜陵执行任务，随身携带了党组织介绍信。在山东圩和日本鬼子便衣队遭遇被俘，随即押往铜官山。鬼子搜出了我父亲身上的介绍信（介绍信只说我父亲是股长，共产党员），问我父亲是什么股长。我父亲说是事务股长、共产党员。鬼子又问，李丰平、黄耀南你知道吗？我父亲说知道，是大干部。鬼子见我父亲应答爽快，便结束了审问。回到牢房，我父亲估计鬼子这么简单审讯绝不简单，可能夜间要对他们行刑或枪毙，就想好了口号，准备行刑时呼喊。但后来鬼子把他们关了一阵之后，却派他们当劳工，还发了被子和行李。就在赴劳工的路上，我父亲逃回了老观，躲进了芦柴滩。鬼子搜捕不着，便烧掉了我祖母的大屋，还殃及到隔壁邻居。我父亲逃回根据地后，如实向组织汇报了被捕和逃跑的经过。这是我父亲第二个历史问题。上述李丰平、黄耀南二同志，当时是新四军七师锄奸部和临江公安局的领导，他俩的名字经常因签名枪决敌伪罪恶极大者的布告，在根据地和敌伪区广为人知。就在这一年，我的祖母无家可归，流离失所，患上重病而亡。消息传到江北，父亲无法奔丧，只能对江而泣。

从临江公安局审讯股长到 1952 年任蚌埠铁路公安分处一科（侦察科）科长，父亲都是在党的敌工部门工作，很多工作内容因不能公开而为人不知。1953 年，我父亲正式脱下军装，开始参加社会主义工业大建设。父亲第一次走上家乡铜官山选矿厂领导岗位，后又负责筹建了安徽淮南水泥厂、安徽第一纺织印染厂、国营芜湖纸板厂（后改名为东方纸板厂）、芜湖冶炼厂等，正如讣告所说，他为安徽中小工业企业的建设做出了贡献。1953 年全国取消供给制，实行薪金制，他被定为行政十四级。我母亲开始被定为行政十八级，她主动要求降为行政十九级。三十年后，我父母的行政级别依然不高，为行政十三级和行政十四级。

父亲的两个历史问题形成于历史，但成为问题却是自苏豫皖区党委结论始。抗战胜利前，父亲已在苏豫皖区党委所在地苏北淮阴清江市公安局工作。我母亲到苏北后，担任妇联主任，父亲当时则刚刚经过审干。那时，在苏豫皖也进行过整风，提出“抢救失足者”的口号。我父亲本着对党忠诚的原则，在集体学习中毫无保留地交代了上述两段历史，并试图用严格的批评精神来说明自己对这个问题的认识。父亲在世时对我说，那时太年轻，以为对党忠诚就是把问题说得严重就可以了，但结果却是有失节行为。看到这个结论，他闹了情绪，不吃饭，想自杀。多亏整风班的朱讯抱病让人抬担架到我父亲床前，苦口婆心做工作，才使我父亲丢掉了思想包袱。事实上，这个结论在当时就有过争论，一部分同志认为不要结论，一部分同志认为要结论，结论以后不提了，可以更好地工作。

正是有了这个省一级组织的结论，1955 年肃反运动审查我父亲历史问题时，虽作了升级的结论，却因没有发现新问题，不好对我父亲重新处理。这样，也使他得以有机会为安徽中小工业发展做贡献。

安徽省委 1958 年给我父亲重新作了自首变节行为升级的结论，父亲没有在这个结论上签字。直到 1964 年李丰平、严佑民到安徽任省委副书记，事情才有了转机。

在这两位昔日老领导的关怀下，1965 年我父亲又重新回到工业管理部门，担任芜湖行署（辖芜湖市）工业办公室副主任和经计委副主任。父亲又重新忙碌起来。

1989 年，父亲的肺癌已到了不治期，宣城地委和地委组织部多次催请省委解决我父亲的申诉请求。1989 年 5 月，地委组织部一位部长亲自将省委的结论送到我父亲的病床前。此时，父亲已不能起床，他静静地听完了我读的安徽省委对他历史问题的决定，彻底纠正，推倒一切不实之词，撤销 1958 年安徽省委公交部的结论。但鉴于年代久远，苏豫皖区委和安徽省委同级已撤销，撤销苏豫皖区委的结论有一定困难，请我父亲予以谅解。他除了向这位部长表示感谢外，另向组织提了一个要求，说他自青少年时代投身革命，牵累了父母，希望组织上在他死后给 200 斤水泥，在家乡的土地上，和自己的父母合葬在一起。当时那位部长就流了眼泪，我在旁边也忍不住跑到卫生间哭了起来。1989 年 6 月 30 日夜 10 时许，父亲永远离开了我们，时年 74 岁。

父亲应该是幸运的，他亲耳听到了自己不白之冤的昭雪。从1934年到1989年，55年的岁月中，父亲在战争年代工作于党的特别部门，不可能有赫赫战功，但他一直谨记为人民服务的天条。新中国成立后，他认真学习毛主席关于正确处理人民内部矛盾、关于社会主义革命和建设时期的十大关系等纲领性著作，他顽强攻读联共（布）党史，政治经济学教科书和冶金、建筑、农业技术改造、轻工业技术等方面书籍，尊重专家，尊重老工人，在社会主义新时期做到了不掉队。他背负沉重的历史包袱，从来没有说一句抱怨党组织的话。他坚定地相信党一定会给他以清白。他真正做到了忍辱负重，一生忠实于党，忠实于无产阶级革命事业。正如他的讣告中说的那样，“他是一个好党员。”

在父亲遗体告别的当天，去了很多人，整个礼堂都容纳不下。特别是宣城地委书记杜诚同志（后任安徽省委常委、省委宣传部部长），向我父亲行了三鞠躬，应该永远为我们记取。随后，按照我父亲生前嘱咐，我们把他的骨灰安葬到了我祖父母的坟旁。又过几年，因征地需要，他们的坟墓又迁葬到齐山公墓。墓地是我祖父当年教书的程柏村。他们的墓一遵公墓葬制，没有什么特别。我想这也是我父亲的本意。

父亲离开我们二十七年了。二十七年来，我几乎每年都有几次梦到他。他还是着装朴素、整洁。对我还是那样严肃。但每次梦见，他都不讲话，我在梦中着急要他说话，但就在此时，我就醒了。

谨以此文纪念我父亲的百年诞辰。

补记：2015年是我父亲百年诞辰。姐夫全模撰文纪念，我非常感谢他。本来我应该也于此写一篇纪念文字以示缅怀，但当年家事增多，始终静不下来，故而拖延至今。

五松老观洲王氏重修宗谱序

查屏球

大江东注，地之恒势也，铜江北行，地之殊势也。其挟三峡、洞庭、鄱阳之威，跨匡庐，过天柱，浩浩荡荡，势不可挡。然一触我铜陵之缓丘低坡，则吞气退北，亦天下之奇观也。其尤者当数我老鹳沙洲，江滩细沙，势如纸帛，承阻江之殿军，运绵厚之功，施坚巧之力，挺江北出，江水日日冲刷，沙洲年年延伸，宛如老鹳巨喙直刺江中，江之澎湃巨势转成碎锦匹练，赳赳武夫一变为纤细淑子，故地势坚弱全不在外表之象也。古称老鹳嘴不当仅取其外象，亦或感其地力之坚也。绝异之地当育不世之人，其可称者当数我外祖王氏一族，其处村落中段，世为乡里大族。古云："王氏最蕃衍于天下。"然枝繁者易折，流细者易断，自来失宗遗祖者亦不在少。我外祖一族僻居乡野，古无显宦，饱经世运变迁，然源渊所自、支派流脉，井然秩然，实属少见之奇迹，亦当世守慎终追远之儒训，养成固本护族之家风。

老鹳王氏源自琅琊，系出新安，宗于南陵千七公。其渊源载于《新唐书·宰相世系表》，本乡先贤章济川公《五松老鹳王氏历代世系引》叙之已详，不待赘叙。旧谱屡遭厄运，破碎不可遍读。唯章公《系引》尚存全目，实不幸之万幸，亦当王氏远祖于冥冥之中保佑子孙之善果。然亦有补说者，细辨残谱，见存有明人湛若水《双溪王宗谱原叙》、乾隆辛卯年（乾隆三十六年，1771）举人徐揆撰《南陵三溪王氏重修宗谱序》、进士朱传珍光绪年撰《五松老鹳嘴王氏重修宗谱序》、民国二十八年铜陵临时中学校长王宗培撰《五松老鹳洲王氏重修宗谱序》。湛若水者，明心学大儒也，与王阳明齐名。然遍查湛氏全集，不见此文，谱中原文末端漫漶不清，依稀可辨者，“大夫南京吏（部尚）书”“广东”，湛氏乃广东增城人，曾任南京吏部尚书，此实湛氏佚文也，时在明嘉靖十五年（1536）。双溪王氏者何也，南宋中奉大夫军械监王炎（1138—1218）者也，世居婺源。婺源新安地邻相接，亦当新安大献公之裔也。《双溪王宗谱原叙》尚未言及五松老鹳之事，是文乃套陈南陵三溪王氏旧谱，当必有据也。南陵千七公于元至正年间迁于南陵钱家桥，三溪者，亦双溪之苗裔也。王炎有《双溪类稿》传世，精于医术，留有著述。今老鹳王氏先辈多人医术传家，亦远绍祖风也。乾隆徐序言自明嘉靖至清乾隆二百年间，已有“辨晰未清”之叹，并载南陵三溪二十四代宗敬公者明嘉靖壬午（1522）迁五松钱家湾老鹳事，又载二十六代明隆庆丁卯（1567）年述进公迁居五松朱家嘴事。南陵三溪王氏迁五松者非一支，往返于朱家嘴与老鹳嘴之间，终合居于老鹳嘴也。推想明清之际二百年间，先辈多属垦荒移民，筚路蓝缕，鱼耕为生，识文无多，几失谱系。民国时代，王家祭祖必张渔网以示祖先为捕鱼者也，此俗乡人尚存记忆，足现王门敬祖之风也。乾隆三十六年（1771）距今二百四十年，此为老鹳王氏认祖别谱之始年也，故仍以“南陵三溪”为谱名。徐举人当年即为王氏先辈寻祖归宗之苦心感叹不已，至今思之，亦不难体察先辈之惨淡经营的热忱。朱序作于前序近百年之后（1877），所叙更详，“迁五松者，其地虽殊其人皆三溪千七公一本分支，但昔日三溪人稠户密，素称望族，而躬列胶庠者亦复不少，即徒居他邑者每岁必往三溪修祖庙祀先公，不忘本也。慨自近遭兵燹宗谱与宗祠俱焚，辛苦凋残，而逃出煨烬之余者仅三人焉，即迁五松钱家湾朱家嘴者，其人亦寥落矣。惟我老鹳嘴一支尚十数家二十余丁。则修谱之事不得不为之倡率，故邀三溪以及五松各处捐赀重修。予闻其言而嘉赏不已焉，且思昔时予馆其处历年多矣，深知王姓家给人足，俗美风清，谱牒亦未毁坏。”此为王氏家族百年信史也。此兵燹之祸，当指太平军与清军之战，几近十年，皖南十室九空，南陵三溪王氏亦演于战火之中，老鹳王氏乃独存之余脉也。三百年间，仅存二十余丁，良可慨也。寸草可成芳林，微极而成盛始，天地盈缩之理也。后此六十一年，待王宗培校长再序之时，几近百口，家族之旺势，蔚然成象矣。

披阅残谱，百年间老鹳王氏聚族而居之场景宛然眉间。王家大屋，墩基敞阔，白墙黑瓦，门隧幽深，天井豁亮，案桌古雅，谱樸列陈。十户共居一厅，灶味相闻，边门之外，户室相接，人气泱泱，其乐融融。老鹳王氏起家于鱼耕，传家于诗书，持家于术业，乡间名师，代不乏人，几代行医，惠及乡里。医术之精，声名远播。戆枕公救富家子于绝命之中，曾获赠坟山一座，大振乡声。大屋右侧有“公堂屋”一所，祭祖议事皆处其间，每逢腊月祭祖日，席后喧闹已成乡人必赏之景，足显王门之豪气。王门素重亲情，二十余户，不离不弃，苦乐相均。家母与诸舅自幼丧母，家境困极，全赖族家长辈怜爱度日，此恩此情家母至今难忘。“文革”之时，城中动荡，在外族人回乡避难，王门长辈仰拾落薪为炊，俯取多家为饭，极尽所有，重情之门风不坠，孝悌之恩情有加。予于光绪谱序中见有戆枕公名列主修，其年仅及弱冠，民国谱序又言及其子安澜公再主其事，其年亦在弱冠之初，先辈尊祖护族之孝心自少而立，自有传承矣。能以孝悌之心事家者必以仁心事国，近世以来，国运多艰，王氏多人共赴国难。安澜公早年布火种于乡里，杀奸除贼，名震皖江。泽民公少小离家，投笔从戎，九死一生，扬名沙场。祖恩公为日寇所捕，以两拇指吊悬村头，毒打几死；安澜公祖屋惨遭倭寇焚烧，几世家业，付之一炬。抗美援朝时，王门数人从军，名列英雄之册。吾土吾乡自来不乏王家之血气，素为老鹳一方正义支柱。当日寇焚屋逞威之时，一族无一人失格变节，八旬老太镇定从容，指挥祖恩公速置棉被于后塘浸湿塞堵边门，无使火苗窜进，挽王家大屋于大厄之中。其门火迹斑斑，至今犹在。民国三十八年（1949），乡警横暴乡里，查封开明学舍。王门某公挺身而出，赤手夺枪，当众摔断，暴警望风而逃。护乡之正气，至今传唱。老鹳虽为僻壤乡野，然有王氏一门，远近闻名。今距民国修谱仅逾七旬，老鹳王氏已达四百余人，大江南北、长城内外皆有吾老鹳王氏之子孙，海外异域亦存吾老鹳王门之余脉。图示老鹳嘴，绝似人大拇指翘起之状，其首赞者即在于吾老鹳王氏一族乎。

辛卯年归乡，值逢老鹳王氏重修族谱盛事，诸舅嘱序，予自少多处外祖家，元庆、华光诸舅礼属长辈，亲如兄弟。情理难却，勉承重责。忆及四十年前，夜深之时，吾外大父手持单册家谱详叙王氏渊源与行辈，余尚年少，懵懂无知，今日思之，老人冒险存谱，亦王氏家风使然。今大屋不存，先辈已逝，旧谱多残，然老鹳王氏门风仍存，豪气精神不减，故修谱之事再兴，此亦绍绪先祖之伟业也，定当越出前贤，再现王门之辉煌，尽取仁者之善果也。是为序。

辛卯年正月，文学博士、复旦大学教授　外甥查屏球　敬撰。

醍醐寺与日本历史名人

查屏球

2005 年，我任教神户外国语大学，圣诞后，学校放假，我去了京都东南边伏见区的醍醐寺。醍醐山在京都东南面，分为下醍醐与上醍醐两个旅游区。山脚称三宝院，中有灵宝馆、五重塔、祖师堂等。山门朝西，称仁王门，由下醍醐到上醍醐步行约一小时，沿途树荫幽密，佛龛列布。日本现有十四项世界文化遗产，关于寺庙的有三处：一为法隆寺，一为醍醐寺，另一处为“平泉佛教考古遗址”，就所处地风光与寺院建筑而言，醍醐寺既无镰仓大佛临海之壮景，又无奈良东大寺古老显尊，能得此殊荣，除了丰富的文化藏量外，还在于它与特殊的历史人物关系密切。古言“山不在高，有仙则名。水不在深，有龙则灵”，以下三位历史人物就是醍醐寺的仙与龙。

一是空海大师（774—835）。对于中国古典研究者来说，他是人所共知的大家。他于贞元末、元和初来唐求法，原拟留学二十年，后受师命两年后就返回日本，带走了大量的佛典汉籍，其中还包括《刘希夷集》《王昌龄集》《朱千乘诗》《贞元英杰六言诗》《杂诗集》《杂文》《王智章诗》《诏敕》等大批诗文作品和书法作品，并撰有《请来目录》，这些书多数都在唐土散佚了，今人只是借助这一目录才了解到它们的情况。他又将唐人诗学论著编辑成《文镜秘府论》《文笔眼心抄》，当代学者王利器、卢盛江教授先后整理了校点本与笺注本，是今人了解唐人诗学的基本读物。

从日本文化史看，他几乎是一个神一样的大师，他年轻时即著有《三教指归》，显示了过人的思想与汉学功底，他在唐获得了密教正宗嫡传名位（第八代）的身份。在唐期间每日雇二十多位抄经生，不停抄写，又遵其师言“真言密藏，经疏隐密，不以图画，不能相传”，复制了许多曼荼罗绘画与塑像，归日之时所携典籍之丰、文物之多，无出其右。他把密宗传到日本，是日本佛教密宗真言宗的创始人，既在高野山开设本堂，又主持皇家寺院东院，为皇室成员灌顶，著有多部影响甚大的佛学经典，其请来之图画与法器决定了密宗仪礼的基本范式，其以图释教的方法又开日本图文书籍之风。

他还开设了日本第一个平民大学，编写了日本第一部字典《篆隶万象名义》，主持了日本第一个大型水利工程四国筑堤，其书法与同时代嵯峨天皇、橘逸势并称，并作为草圣而为人膜拜，还曾参与日本国字假名的创立。醍醐寺就是他的徒孙圣宝理源大师（832—909）于874年创立。醍醐原指乳酪中提炼的油，佛教以此喻指精华，又指让人清醒的良药，以醍醐名寺，是对密宗醍醐灌顶说法的简化，这表明此寺虽在空海身后建成，但传续的仍是空海真言宗法音。其处最尊贵的文物如五重塔、曼荼罗图、密宗法器等都留存了空海的精神。

二是醍醐天皇。醍醐寺创立人圣宝本人是天智天皇的六世孙，醍醐寺一开始就具有皇家寺院的地位。醍醐天皇（885—930）在位三十四年，史称治世，其陵墓就在醍醐寺旁。平安文化到了这一时期进入了和风时代，醍醐天皇长于汉诗文与书法，醍醐寺还留有他抄写的白居易诗卷。他还热心于和歌，组织编纂了日本第一部大型和歌集《古今和歌集》。又指导整理《延喜式》巨著，这是日本古代律令与礼仪集大成之作，是平安文化的总结。去年10月，我作为外籍会员参加了在京都召开的日本中国学年会，晚餐前各自取席位号，我打开一看，上面写着“醍醐”，进入宴会厅才发现，各桌标牌都是平安时代天皇名，同桌的早稻田大学内山精也教授说：我们这一桌是最有贵族气和文艺味的。众人都会心地笑了，这让我想起醍醐寺里流光溢彩的器物，色泽浓艳的壁画，飞动轻盈的书法，那些无不透现出平安贵族的高雅气质以及迷幻凄迷的精神世界。走在回郭间极易让人想起《源氏物语》所描绘的场景。

三是丰臣秀吉。这是日本战国时代的逆袭枭雄，醍醐寺在他手上焕发了新生。1592年3月，丰臣秀吉驱使十五万人由九州渡海踏上了没有希望的征程。起先，仅用了一个月就使朝鲜“三都守失，八道瓦解”，但是到了年底明朝出兵后，战事就陷入胶着状态，打打停停，停停打打，强盗剧加荒诞剧，拖了六七年，弄得民不聊生，怨声载道，丰臣秀吉本人也心力交瘁。

此时的醍醐寺已有六百年历史了，经历平安后期及南北朝之乱，已很残破。就在战争的第七个年头的正月，丰臣秀吉偶访寺中，颇有感慨，下令修建，并决定在此举办大型花会。赏花会在这一年3月15日举行，丰臣秀吉的亲信官员及各地大名、家眷共一千三百多人出席，沿途警备森严，仅茶馆就设了八处。其时，他的十多万军队被明、朝联军压缩在朝鲜西南几隅，进退失据，多地大名正跃跃欲试，向他挑战，他的身体也一日不如一日，他已感到自己的事业与生命都跌到低谷了。醍醐寺赏花会对他而言，如同秋日残阳，炫目而又凄凉。举办这次活动，对他来讲不是心血来潮的任性之举，他可能是想借醍醐寺皇家寺院的地位，提升自己的声威，笼络因战事不利而心生异志的地方实力派。他还想等到秋天再来这里欣赏红枫，但是没到10月，他就死了。侵略战争也就在争权夺利的阴谋中草草收场了。

这是丰臣秀吉在生前所办的最后一个形象工程，醍醐寺也因此得到了再次复兴的机会，现存的三宝院殿堂与庭园就是这次修复的结果，赏花会上众人歌咏的和歌也被记录下来了，至今仍保存在寺中，还存有描绘当时盛大场面的图画，并且自此以后，每年4月第二个星期日的赏花会就成了醍醐寺固定节目。其人已逝，其业未成，而其“经营中原四百州”的狂语在日本仍回响了三百年，到了近代则成了中朝两国最大的噩梦。在侵朝战争中，日本人抢得了许多朝鲜王室典籍，如在日本流传至广的那波道圆本《白氏文集》就是以朝鲜刊本为底本并用朝鲜王室铜活字刊印出来的，因此，在一些日本人的史书中，又将这次侵略视为一次豪华的留学。从这种陈述中，我读到了一种恐惧，一个民族从祈诚的文化接受者转变为欺祖盗墓的掠夺者，也是转瞬之间的事，不知今日的赏花者是否能体会到这一点。

三个人物分别标识了醍醐寺所传达的请来文化、平安贵族文化与武士文化的印迹，既展示了醍醐寺与唐文化的渊源关系，又显示了日本古代文化发展的不同阶段与特色。现在，去日本旅游者往往会因为每天出入于一个又一个大同小异的寺庙而产生审美疲劳的心理，如果事先做一点功课，了解这些寺庙与历史上的人与事的关系，或许可以由栋宇间感受到历史的律动与风韵，体味到物外之意。近日，醍醐寺文物在上海博物馆公展了，这是中日文化交流史上的一件盛事，其中许多国宝级文物在日本也是不易见到的，徘徊其间，让我又想起当年穿行于醍醐寺中的所见所感。

龙塘湾里是我家

周　红

小时候，我的世界就是这个村子。村前是塘，村后是河套。我所有的记忆里，都是蔽天的树，满塘的水，和爬满圩埂的绿。

父亲那时在一个矿区工作，我们与母亲住在村里，村里与我们同姓的有八九户，闲适地憩居在村的一角。回想那时的场景，依稀若画，浅春中，细雨绵绵，一抹烟云笼着浅翠娇青，细雨鱼儿出，微风燕子斜。浓春到时，却一派热闹，塘畔的风，暖暖地蹭摸着脸庞，空气里尽散着花香，轻挠在鼻翼间。高而挺拔的白桦，尖着个翠绿绿的叶子，在春天里蓬勃着。更放眼，那无边无际的金黄菜花扑面而来，家若一个个小巢，蛰伏在这温暖的花海里。

小村处处迎水，连片的池塘环绕着我们的家，就近的是小龙塘。童时，我们在里面嬉戏，玩耍，同小伙伴们荡上木盆，划至塘中，盖上帽子或打上小伞，小睡或垂钓，乐趣诸多。而翻过一座小埂，就到了大龙塘，龙塘湾也由此得名，孩时，它是我们天然的游泳池，塘水清澈，食之甘甜。据说塘与长江相连，所以长年不涸。电视剧《蛙女》放映的时候，龙塘成了我们操练场的鼎盛时期，水性略好的在龙塘叱咤之后，会再翻大埂至长江，成为真正的过江龙，我骄傲，我也曾是那支大军中的一员。

龙塘湾是美的，多年后，我一直执拗地认为，若是当年我能恬静地留在小村，也一定是一个快乐的小妇人，恣意地屋前屋后转悠，春色随处可拈，花香四处可嗅。那种快乐常常是单薄透明的，纵然风光无限的好，少女的心却无绪地忧郁着。好多年后，我才知道，那是因了一种叫理想的东西，因了一种叫《围城》的困惑。那段时间，故乡也特别的寂静落寞，满屋前后的藤蔓爬满了地面，沟渠里少了清丽，连那大龙塘小龙塘的水也少了往年的清冽和旺盛。打工的浪潮一波一波地涌出去，村里的人声渐行渐少，遇见的多半是华发满头的叔婶们。我心里发紧，偶尔会想到鲁迅笔下的故乡，也因此不由自主地想起两个字，凋敝。那时我会很自然地把自己想成闰土。是的，一个寂寂地坐在火桶上看书、打毛线的女子，多年后她肯定木讷于言钝于行。

那些日子，每每劳作归来，夕阳一抹伏在圩埂、江面、芦苇滩上，羽翼灰白的水鸟，在近处的水滩里，敞着癯弱的膀子，长脚赤赤，在浅水中踽踽而行，或随意疾向水面，啄开一个平静的圆弧。景象玄妙，余晖浸湮着我的脸膛，偶尔我就席地而坐，看着江水、斜阳，看着江对面逶迤远去的晚景，思绪也如这江水，暗流汹涌，浊浪击岸。我终是在想，我要出去，我要离开这里，一定要离开这里。

后来，我终于外出，离开龙塘湾，算是踏上了城里干净的水泥路面。鞋子上少了一些泥巴，开心却未见增多。我便披星戴月，骑着单车回村，也就有了虫鸣蛙叫之声，心却倏地宁静舒缓起来。晚上睡在凹陷的古式大床上，像睡在摇篮里，窗外明月清朗如水，树影摇曳，母亲的微鼾起起伏伏，贴着她的身子，嗅着淡淡的汗味，轻搂着她微凉的脚，沉沉睡去，亦香亦甜。次日晨起，堂屋里有母亲散乱的步子小跑着，屋外有公鸡打鸣，猪儿撒欢，光着脚打着哈欠下了地走出门外，便骤如阴霾之中乍见艳阳，这是多少高楼不能积蓄的惬意!

又过了几年，小村慢慢活泼起来。先是泥泞的路换成了挺直的水泥路，路旁横卧的蓬蒿与狂草也已尽除，栽上了整齐黝绿的苗木。零星四散的村庄，逐渐有了统一规划，齐整整的居民安置点，一幢幢两层小楼排列，干净整洁。破旧的厕所、猪圈已经拆除，潭、塘也被清淤，大龙塘、小龙塘也愈发精致清新。

一个夜晚，我在小村吃完晚饭，在明亮的路灯照映下，穿过小区，拾级而上。那里有我的家，我的小楼，虽然多年没有居住，但在村庄统一整治中，小楼依然被修葺得整洁美观。绿树蔽映中，我开门而入，沿楼梯而上，在走廊里往四处望，小村的夜景尽收眼底。城乡结合的现代气息，被大自然紧紧包裹着，灯火辉煌里，薄薄的晚雾轻纱般缠绕着龙塘湾。那时，我心里晃动的不仅是澎湃，更多的是感动。

记得多年前的那些晚上，夜阑人静，我们与小伙伴们窃窃私语。那时的小村，像蛰伏的蛙，寂寥无声。有月的夜晚，模糊中能看到池塘，庄稼和树，无月的夜里，四下里只有黑黝黝的树影在婆娑。孩子们都胆怯，仿佛伸了头，随时要跌进大黑熊的嘴里。那时我无数次在梦里期冀，门前能栽满开花的树，夜晚能看到有照明的灯，走路能有一条像城里的马路。不经意间，都惊喜地有了。

铜陵人种姜

查屏亚

小时候初识生姜，只知道有辣味，吃了要喝水，不能果腹，对大人那么钟爱生姜，无法理解。成年后得知，中药界对生姜评价极高，特别是铜陵白姜，“块大皮薄，汁多渣少，肉质脆嫩，香味浓郁”，食后有隔夜留香的感觉，早在北宋年间就成为贡品，是铜陵八宝之一。年轻时下乡插队，当了一回姜农，回忆起那段经历，就想到生姜是应该有能耐，种姜太不容易了，为收获一季生姜，差不多要伺候它一年。

我们平常腌制食用的生姜叫子姜，在夏末秋初收获。为来年留种的生姜，叫老姜，要在深秋初冬才能出土起获。姜种是非常“娇气”的，不易保存，在铜陵种生姜的地区，都有一座像碉堡似的建筑物，那就是姜种越冬的地方，这个建筑物叫姜阁。每年“立冬”那天，姜农们都要把选留的姜种送到这里，然后烧姜阁，叫暖阁。村民们按照先后次序将姜种一层一层地放进姜阁的储姜室内，姜种和早先砍下晒干的芭茅草交叉叠放，一直码放到阁顶，然后开始在底层生火保温。姜阁在整个冬季要控制好温度、湿度，否则姜种要么太干，来年不利出芽；要么提前发芽，或者生霉长毛，重则会腐烂变质。这阁中之火从姜种进阁那天起，一直要烧到来年清明节，这也是姜种出阁的日子。

出阁那天，姜农们将储放一个冬季的姜种取出来，立即种到早已整理好、施足了底肥的姜田里。而挖姜田更是苦力活。生姜喜阴不喜湿，所以要高垅深沟。种姜的田块在头年秋收后就深犁了一遍，又冻了一冬，下种前，再用专用锄头——姜锄，一种近一尺见方的铁制农具，由身体强壮的劳动力对田地全面开挖整理，首先对田块深挖，敲碎土块，起出高垅，理出深沟，打出宕穴，再将姜种码好，覆盖细土，盖上有稻草和牛粪混合沤制的农家肥，下种的事就大致完成了。由于这个事最耗体力，所有的事情又得一天完成，铜陵乡俗，要在这天下午，给挖姜田的劳力加个餐，叫吃下午茶。老一辈说，以前雇主这天下午要给雇工送上点心和茶水。人民公社时代，物质匮乏，无非是给劳力一人两个大麻饼，而他们顶多一人吃半个，喝点水，把剩下的留给家人。

生姜下种后，后期管理就开始了。上春雨水多，姜田排涝非常重要。天气转热后，要为姜田搭棚。棚子的支柱全是从山上砍回来的小树，叫姜杆。记得某一天，我和生产队的壮劳力一道，天不亮就出发，带上干粮，步行约二十里，天刚放亮，就来到一条人迹罕至的山沟，大家分头寻找合适的姜杆，大体是比手腕细一点的杉、柳、槐树，重量轻，插在田里不易腐烂。中午吃自带干粮，渴了喝山泉水。下午挑回姜杆，回家时多在傍晚。那种辛苦是今天的人们难以想象的。

下姜种一段时间后，姜种发芽，就要搭姜棚了。搭姜棚也有讲究，要盖芭茅草，做到三分阳、七分阴。等到姜苗窜到一尺多高，庄家老把式要钻进姜棚，小心翼翼地把栽下去的姜种撬出来，以利发芽的新姜生长。这以后对姜田的管理就是拔草、上肥、雨天排涝。在夏、秋之交，要防止姜瘟病的发生。接近中秋，新姜独特的鲜味就随风飘荡开，路人无不驻足，猛吸几口这种独特的气味，才依依不舍地离开。

中秋过后，铜陵人就开始一年一度的腌制生姜。各家会根据上年的经验和自家的口味，腌制出名目繁多，风格各异的生姜。有甜有咸，有干制的，有酱制的，等等。或自家食用，或馈赠亲朋。每当自家腌制的生姜受到食客夸奖时，主人脸上总是堆满了灿烂的笑容。当年乡下粮食产量偏低，一年下来，收取的稻米仅能糊嘴。种姜区的工分值要高于无姜区的一倍，原因就是生姜经济价值高，农民就指望种姜来补贴家用。对那时姜区的农民来说，种姜不仅是调味零食，还是一种生活的保障，所以姜农们都有一种自豪感。即便在“以粮为纲”的时代，“割尾巴”风声一阵紧过一阵，也没人停止种姜。种姜这种特殊的农活，特殊的虔诚与专注，世世代代寄托了姜农们的幸福和未来。

祖 母

查德银

1992年，对我来说，是一段最为黑暗的日子。这一年，奶奶、父亲先后离我而去。

奶奶的身体一直是硬朗的，在得知父亲，她最为看重的儿子得了晚期肿瘤后，整日忧郁寡欢，精神处在崩溃的边缘，在外感风邪，内结忧虑后，先于父亲去世，离开了她生活一辈子的老观村。奶奶享年92岁，在当年的老观村可谓最长寿的了。至今我还清楚记得，我寒暑假回老家，常听见的就是村里老人以一种略带惊讶的语气说，这个老奶奶，活了这么大的年纪！

奶奶姓汪，和爷爷查福成都是土生土长的老观村人。他们有三个儿子，二个女儿，老大、老三和女儿都生活在农村。大饥荒年月，家里没吃的，饿死了爷爷，此后，家里家外，都是奶奶的事。我妈说，1954年长江大水，老观圩破了，屋子泡水后倒毁，一家人都出走山里，水退，盖了土屋，待我1964年出生时，土墙又倒了，次年家里咬咬牙，筑了屋基，盖了砖瓦房。为防水患，村里都将屋基筑得高高的，叫“挑墩子”。那年，奶奶、母亲还请了盲子给我算命，说，尖尖的下巴鼓鼓的腮，二只耳朵生得开；老屋生，新屋蹲，属龙属虎才能蹲。是不是因为这个原因，才盖了房子，我不大清楚。

母亲生了四个儿女，我是唯一的男孩，我之前还有个姐姐，一岁时夭折了，后来连续7年，母亲没再生孕，奶奶着急，就从孤儿院领养了9岁的大姐素珍。大姐来我家后，母亲就怀上了我，家里视我为宝贝。生我时，屋里围了一圈老奶奶。听村里老人说，幼儿要养活，得烧几十双破鞋子。奶奶就东跑西颠，逢家挨户讨鞋子，一大箩筐的布鞋棉鞋烧了个满月。这还不算，奶奶还在母亲坐月子的床上罩了渔丝网，还捉了几只鹅在房间里鸣叫，这都是奶奶听信村里老人说辞，为祈求孙儿平安而做的稀奇古怪事。在取名上，奶奶又很郑重，央人给我取个好名字。有老先生说我命里缺金，且宜跟在他人后套名，奶奶就到处寻访，终在对江胥坝街上找到曹姓一家，他家三个儿子依次名为德财、德宝、德金，我就接着套取名为德银，并认曹父为小大大（小父）。

新中国成立后，父亲查黑礼（你）同村里几个青年一道，成为了老观第一批参军的人，退役后招工到铜官山铜矿。那时，农村尚无外出打工一说，谁家有一个矿山城市户口，都颇受人羡慕。母亲黄小能，村里都喊她能子，是个能干的女人，生产队小队长，起早摸黑干农活，还经常到外参加活动。就这样，自幼我是跟着奶奶过的，奶奶背我，从村这头走到那一头。母亲还说，我饿了哭闹，奶奶就生气地骂她，还不回家喂奶?！急起来她跑到田头大喊，能子，快家来喂奶哦！奶奶身材高大，却是小脚，5 个脚指头被裹得扁扁曲曲，紧紧挤在一起，所以走路慢，常摔跤，有次还把腿骨跌折了。我6 岁前在老观村，白天大都是奶奶围着我和二个妹妹团团转。现在想来她那双小脚和大个子，我心里有无边的凄凉。

父亲后来调到狮子山铜矿（冬瓜山铜矿），在一次事故中，他的腰受重伤，长时间卧床不起，身边也没有亲人照料，矿里为此把一家老小的户口，从村里都迁到了狮矿，成了令人眼馋的城市人。奶奶从小生长在农村，不习惯矿上的生活。起初房子小，祖孙三代同堂，嫌不方便，奶奶就回到了老观村，和三叔同住。父亲后来换了大房子，奶奶也就一年来住一段时间。在老家住，我父母每月要给奶奶生活费，母亲总是多拿些钱。三叔村里按排行喊他三你，个头不矮，有点残疾，走路时跌跌撞撞，终生未娶。因为这个原因，他不下地，嗜烟如命，总是躲着奶奶抽烟，咳嗽的厉害。奶奶见着了就大骂，但三叔仍是偷偷地抽。奶奶脾气大，训起人来，大小不给面子，但对上门的乞丐又是和颜悦色，总会给点什么。有年冬天，来了个要饭的老人，又冷又饿，奶奶端出一大海碗热面给他，温和地看着他颤巍巍地吃完。

奶奶家的经济来源主要是母亲每个月给的钱，随着我们几个子女渐渐长大，相继上学，家里的经济就紧了。父亲儿女心重，成天想着孩子的未来，每月花钱养老三，日子长了，还是有想法的。我记得他不止一次说过“两头起火码”，意思是一大家子人，奶奶不跟我们一起过，就等于一家二地生火烧锅吃饭。这也只是父亲不快的时候说的。我家在1980年代初从平房搬进三室一厅的楼房，在紧挨山脚处平了一块地，盖了一间小屋。父亲说，奶奶和老三一同来我家住就有地方了。我知道父亲的心思，他想祖孙同堂，又省下“两头起火码”的钱。奶奶住不惯，还是回老家了。

老观村多为旱地，盛产玉米、黄豆、棉花，棉花一到采摘时节，在村棉花站周围，就能看到一位白发苍苍的老奶奶一个人兜个大腰围，弓着身子捡掉在地上的棉花，捡完交给棉花站换点钱。有人就说了，老奶奶这么大年纪还捡棉花，二你（指我父亲）不给钱吗？父亲心善，脾气躁，话传到耳里，他就生气说：儿女都死光了，还要你捡棉花？下次再捡，把腿打断！父亲是要面子的，恐有人误解，有时会迁怒说气话。

父亲在家不管钱，每月薪水都如数交给母亲，母亲每月拿钱给奶奶，从未中断过。有个月，母亲忙，已托人带钱给奶奶，父亲碰巧回老家办事，临走前向母亲要钱带给奶奶，母亲没说托人带钱的事，还是给了。没曾想，父亲在给奶奶钱时，有人说，没两天才给的钱，又给呀。父亲回来就把母亲骂了一顿。母亲委屈，钱也不是给她父母的，有哪儿不对了，还受这么大的气。母亲就劝奶奶跟我们一齐住。奶奶红着眼说，能子，我来了，老三怎么办？他孤单一人在农村，没人管，没人问，没人烧饭，没人洗衣，要是你的儿子，你能舍得他吗？母亲听后，就没再提这个往事了。

父亲患癌住院，母亲一直在旁看顾，无空闲回老家，奶奶病倒后，让我去探望奶奶。我赶到老家，见奶奶躺在罩着老旧蚊帐的床上，话说不清，似有痰吐不出来。奶奶看到我来，老泪纵横。我抓住她的手说，父亲的病慢慢治，你不要太担心。临别时，我拿出一张 20 元给奶奶，她紧攥着，面露一丝安慰。不曾想这竟是我与奶奶的最后一面。多年后，我在给母亲生活费时，我那唯一一次给奶奶钱的那一幕常浮现眼前。我深感愧疚，过去为何没有多看望她老人家，多给点钱呢。

把饭留给后人吃

董政正

2016 年，我去老观村编村志，需要了解一些乡村赤脚医生的事情，村里交代我去找一位叫查日昂的老人。查老家住在村后，我问了两次人，被问的人都停下手中活计，细细指给我看，我不由赞叹此村民风醇厚，村民笑道：“你问的是查医生，谁都会仔细跟你说的。”

我很快就找到查老家，是一幢两层的小楼，典型的上世纪八十年代风格。屋内陈设简朴，几条长条凳，一张涂了清漆的八仙桌，还能看到木头的纹理。桌子上摆着三个菜碗，两个菜，一碗汤。一个苋菜，一个黄豆焖咸鸭子，汤是丝瓜汤。这些菜罩在一个绿色的纱罩中，纱罩破了个洞，洞是用红线补起来的。

查老身高约一米七五，微胖，面色黝红，腰微弓，行动缓缓，脸上始终带着笑意。我打量周围时，他站在我旁边，安静地微笑着。我们坐定后，我开始向他讨教，他侧耳听着，是那种仔细、专注的神情。他不打断我，等我说完，他再一条条回答，不清楚的也会提出来。在回答我前，他会思考很久，回答时语速很慢，每一个字都是一粒粒吐出来的，每一粒都饱满坚实，绝无模棱两可之词。他会看我记录的速度，适当地停下来等我。

他是一个让人舒服的人。我从未遇过这么让人舒服的采访对象。

查老七十多岁，育有两男一女，女儿外嫁，小儿子在外经商。我对他了解的就这么多。在起身答谢并告别时，我看到他的桌子上摆着一本关于诗词的书，就随意问他写不写诗词。他有点难为情，没有回答，慢慢地弯腰在书柜里找出一沓 A4 纸，看上面的打印格式，应该是诗词了。我略微翻阅一下，大多是村里风光、朋友酬唱、伤春悲秋等，其中有一阕词，写的是自己的行医经历：

江城子·行医抒怀

行医故里鬓须斑，历沧桑，志犹强。辨证思疗，救死又扶伤。喜看病人康复后，真切笑，慰心房。

人云赤足又何妨，学医章，重临床。只有真情，夜诊不嫌忙。敢教乡亲多受益，无费用，采单方。

下楼时，我说，查老，您这上楼台阶太陡了，要改一改，还有，您这房子式样也太老了，翻新一下，住着舒服一些。他认真听着，过一会才笑着慢慢说，谢谢你，不搞了，折腾自己，也折腾别人。还有，小董，你中午在我这里吃饭，老太婆已经去买菜了。

我连忙推辞。这时村支书来了，笑着说，我来迟了，查老家的规矩，只要超过九点钟家里来人，婶子不用交代，就出去买菜了。你也别推辞，我沾你的光——婶子的菜做得好啊！但是，查老，这饭钱，我个人掏，因为这是为我们村的事，要不，我们现在就走。

查老急了，抬手虚压，让我们坐下，说，再说再说。

他的院子里种着几棵树和两畦菜，够他们老两口吃了。查老老伴买回来的是村民家养的猪肉，还有一把藕带。她杀了一只鸡，喊查老帮忙褪毛。查老不善言谈，我们说话的时候，他一直微笑聆听，听老伴叫他，借机出去了。支书就跟我说查老的事，行医五十年，只留下了这个过时的小楼。

不应该啊！

是的。他开药是一片片开，不多给一片，有时候只给半片药，治好了就行。有的人感冒来开药，他看了看，说，你这差不多就扛过去了，不用吃药了。他这人怎么说呢？是把饭留给下一代吃。

怎么讲？

积德行善啊！他大儿子在怀远二中做校长了，小儿子在村口开这个超市，生意能维持生活，村里人买东西，都省下来在他家买。正月走亲戚，市里礼品多的是，还不用拎那么远，但是大家都愿意照顾他家生意。这是查老积的德。

你劝劝他，这台阶太窄太陡。

他不愿意啊。村里人红白喜事，他都去了，他这一盖房，几乎全村人都要来。他不愿意呢！

唉，这查老！

老观嘴（老鹳嘴）的传说

查全模　整理

很久很久以前，太平街（过去叫横埂头）住着一户靠种菜为生的兄弟俩，哥哥叫王老大，弟弟叫王老二。有一天，两人下菜地锄草，来了个讨饭的老头子，向他们要饭吃。老大说：

“米是土里长的，土块头子有的是，随你吃。”

老二看着过意不去，就把自己饭篮里的饭分了一点给那老人。

老人吃完，又向他们要水喝。老大更生气了："扬子江里有浑水，大河沟里有清水，随你喝，喝到哪里滚哪里。"

老二在地里拔了两个萝卜给老人吃。这下老大发作了："好哇，我两个人出汗，你一个人做好人。我俩分家！"

那老人吃了一个萝卜，见二人翻脸了，就把手中的讨饭碗和剩下的一个萝卜递给老大："哎呀，别为我伤了你们的和气，这个碗就送给你，还你们那个萝卜的情吧。"

老大说："哪个稀罕你的破碗，分家分家！"

老二说："好老爹，碗给了我你拿什么吃饭呢？"

老大见老二总是讲好话，气就更大了，非分家不可。老二只好答应了，说："分就分，随你要什么。"

老大又说："不照不照，统共只有一间破草屋，一块菜地，分也分不起来。我们抽钩，哪个抽到头钩，哪个得草屋和菜地，抽到末钩就跟这个老头子去讨饭。"

老二犟不过老大，就同意了。老大心思坏，在钩上都做了末钩，老二一抽，是个末钩。老二气得直抖，说："好好好，让你一个人发财去，我有一身的劲，还怕饿死着？"

讨饭老人对王老二说："兄弟，你跟我走，包你有的吃。"拉起王老二就走，把王老大笑死了。

王老二跟着讨饭老人过了长江，到了无为土桥。老人把讨饭碗放在地上，教王老二像舂米一样，用一根萝卜舂碗底，嘴里念着："舂碓舂碓，土桥街上米成堆！"舂着舂着，白花花的大米竟从碗中淌出来，越淌越多，眨眼工夫，堆得像山。老二回头一看，讨饭老头子不见了，这才晓得他是神仙变的，这讨饭碗还是个宝呢！

从此，王老二就在土桥开米行了。王老二卖米不讲价，有钱的卖，无钱的也给。穷人都说王老二心好。一传十，十传百，传到太平街，王老大听到还不相信。

第二年发大水，王老大的地被淹了，草屋也倒了。他想，我去找找老二吧。兄弟总归是兄弟，王老二看见老大哭唏唏的样子，就把他留下来了，给他吃，给他喝。王老大看见老二经常把米白白地送给别人，就背后骂："这个肉头，不晓得发财！"不久，老大起了黑心，有一天，他趁老二不在家，就把宝碗和那根萝卜偷到手，上了船，过了江。

一过江，王老大就急猴猴地把宝碗放在地上，用萝卜舂起来。他一边舂一边念："舂碓舂碓，太平街上米成堆。"念了一遍又一遍，王老大手都舂酸了，哪晓得半粒米也不见出来。王老大气得把碗一打三块，往扬子江里一丢。突然，狂风大作，江中巨浪滔天，呼呼直叫，一下子长出三块大沙洲来。三块沙洲排成碓臼形状。王老大吓得把萝卜一丢就跑。那萝卜一下子也变成了一个长长的沙洲，像个碓嘴，直伸到那江中的"碓臼"里。

王老大吓疯了，后来饿死了。王老二在土桥落了户，讨老婆生儿子，成了一大家人。

那几块沙洲还在。你看，扬子江中的章家洲、文兴洲、紫沙洲，排在江中不像个碓臼吗？那是破成三块的宝碗变的。那长长的"碓嘴"叫老鹳嘴，就是萝卜变的。这里都是肥得淌油的宝地呀！

提起圩乡苦断肠（民歌）

查全模　整理

提起圩乡苦断肠，
汪汪泪水出眼眶，
五六月里发大水，
盖天暴雨连日下，

田地统统被水淹，
家家房屋被吹倒，
猪牛鸡犬都淹死，
拖儿带女去逃荒，
一个男孩换斗米，
一个女孩换箩糠，
老天呀，哪年哪月才能把身翻。

第四节　新闻报道

姚玉舟到联系村老鹳村检查指导工作

9月11日上午，市委书记，市人大常委会主任姚玉舟前往联系村——铜陵县西联乡老鹳村检查指导工作。市委常委、秘书长李敬明参加检查活动。

姚玉舟一行首先实地察看了老鹳村村办企业铜陵江南油脂有限公司，听取企业负责人的情况介绍，并深入到仓库、职工食堂等处了解情况。姚玉舟十分关心今年菜籽、棉籽收购的市场行情，并仔细询问职工的收入情况。在获悉该企业以前遇到困难，得到了当地党委、政府部门的大力帮助和支持，得以摆脱困难的情况时，姚玉舟拉着企业负责人的手说："如今你富裕了，不要忘记带动周边农民一起致富，这才叫共同富裕。"

随后，姚玉舟来到老鹳村村委会，认真查看村务公开栏的各项内容。他还仔细询问了村集体收入及来源、农民收入、农民外出务工等情况，并走进部分农民家实地了解情况。

在听取老鹳村党支部、村委会负责人的情况汇报后，他就老鹳村套边居民整体搬迁和新建小区工作中遇到的问题进行了协调。

姚玉舟指出，现在，我们仍然有一些同志遇到事情或困难，首先不是找“市场”而是找“市长”。在市场经济条件下，我们要牢固树立市场概念，遇到事情首先要考虑运用市场的办法来解决，其次是运用“市场+行政”的办法，最后才考虑运用行政的办法。

姚玉舟强调，老鹳村“两委”要把经济发展和群众致富作为第一要务，村“两委”要提高组织化程度，做好信息提供、技术培训等服务工作，还要掌握外出务工人员的家庭情况，及时帮助他们解决困难，消除他们的后顾之忧。同时，要立足地方，大力发展地方经济，做到致富一方。(《铜陵日报》，2008 年 9 月 10 日，第一版)

宋国权等看望慰问困难群众和老党员

2 月 11 日上午，市委书记宋国权，市委常委、宣传部部长李敬明，市委常委、政法委书记、市公安局局长邹河，市委常委、组织部部长钱岩松，市委常委、铜陵军分区司令员王元，市政协副主席程金林、姚尚友，分组看望慰问困难群众和老党员、手拉手结对儿童、市级离退休老干部等。

宋国权前往联系社区天井湖社区和联系村老观村，看望慰问生活困难群众和老党员，向他们致以新春问候和诚挚祝福。

在铜官山区天井湖社区，宋国权一行先后看望慰问了困难老党员董引娣、困难职工张春兰和“铜陵好人”冯龙凤，向他们送去慰问金和慰问品。

在铜陵县西联乡老观村，宋国权分别来到复员老军人李大荒、困难党员何祥林和困难群众查治江家中，与他们亲切交谈，了解他们的身体状况和生产生活情况，鼓励他们积极面对困难，保持乐观心态，发扬自强精神，努力让生活越过越好。慰问中，宋国权反复嘱咐基层干部，要妥善安排好农村困难群众的生产生活，认真落实帮扶救助政策，想方设法解决实际困难，将党和政府的温暖送进千家万户，让广大群众度过一个欢乐祥和的春节。（《铜陵日报》，2015 年 2 月 22 日）

宋国权等市领导“七一”到基层调研党建工作

6 月 30 日上午，市委书记宋国权，市委副书记、市长倪玉平，市委副书记单向前分别来到农村、企业和社区，开展“七一”走访慰问和基层党建调研等。市委常委、组织部部长钱岩松，市委秘书长刘亚东，市政府秘书长陈昌生等参加活动。

当天上午，宋国权前往铜陵县西联乡钱湾村、老观村，走访慰问困难老党员、党员志愿者和党员带头致富户，调研基层党组织建设情况。在钱湾村，宋国权观看该村基层党建工作成果展板，看望正在开展志愿服务的党员志愿者，察看村全程办事代理和农村信息化终端情况，了解中共铜陵特支展览馆日常管理和保障工作，强调要树立统筹理念，加强资源整合，更好发挥作用。在老观村，宋国权参观了“老观党员看老观”书画摄影展，走访了党员带头致富户王火根，对他积极发挥示范带头作用、带领村民共同致富予以肯定。宋国权还慰问了困难老党员邹德明，感谢他为铜陵的建设发展做出的贡献，祝愿他身体健康、生活幸福。（《铜陵日报》，2015 年 7 月 1 日）

附9

老观史话

查全模　（节选）

老鹳地处平原，长江环绕，滋养大地，哺育人民，万物茂盛，欣欣向荣。真乃物华天宝，人杰地灵。五百年前，老鹳咀还是一处小沙丘，如今已是一座千家万户的大村庄了。

一、老鹳咀墩由来

老鹳咀墩一名，根据现有文字资料，始见于明万历十五年（1587）的《铜陵县志》。在此志第一卷附铜陵四境图中，“老鹳咀墩”四字列为长江水纹波浪之中，同时被列入图中的还有钱家湾墩，是时属近市二者。老鹳咀属工部十五处芦课地之一，应该是一个无人区，一块沼泽湿地，夏季涨水沦为长江，冬季枯水则为群鸟栖息地。而时过170年以后的清乾隆二十二年（1757）《铜陵县志》再次重编时，在铜陵总图中已将老鹳咀墩改名为“老鹳咀滩”，“老鹳咀”三字作为地名印入图中，已不见水纹波浪，与钱家湾、老兴圩、加兴圩并列，仍属近市者，但也仍未列入旧设和新增的诸圩之中。不过在此志未出版之前，约在公元1700年左右，时任江苏巡抚宋荦曾在《泊舟老鹳咀与邱曙戒讲登岸小饮》一诗中咏道：“曲港桅樯密，空江落日圆。故人出邂逅，野案共留连。笋摘新蒿嫩，鱼烹小鲫鲜。浊醪容易醉，好傍白鸥眠。”从中推测，此时老鹳咀已有人居住了。而大量居民迁入应在此后的数十年间。据汪氏、朱氏、章氏、继年堂王氏、孝敬堂查氏等宗谱记载，此五姓祖先均先后在1760—1850年之间迁入老鹳，他们应该是老鹳的第一代居民，也是开创老鹳基业的创始人。

老鹳咀虽小，但名气很大，它面临三江，是昔日安徽省府所在地安庆至芜湖、南京的必经之路。明朝为保护皇都、扼守淮西之要隘。据县志记载，明朝曾在老鹳咀墩设墩台一座，本县除配哨望民壮两名外，另有石台县拨协助民壮十人，哨船一艘，以作警备之用。另外清咸丰年间（约1857年前后），清军与太平天国陈玉成部在沿江作战时，也曾在老鹳咀里牛滩查式宅基后面驻扎过，并设有营地。以后此地便名为“营盘基”，此名一直沿用至今。

又据县党史资料介绍，在辛亥革命后的20世纪30年代初期，老鹳咀中共地下党组织，利用与老鹳咀一江之隔的胥坝（当时胥坝为铜陵、无为、繁昌三县共管）特殊的地理环境，在地下党负责人胥坝三官殿主持和尚沈墨的组织和领导下，迅速发展壮大，于1933年春成立了中共胥坝区委，同时成立了中共柳洲支部，党员有王安澜、王子香等十余人。到了抗日战争初期，新四军又利用胥坝“三不管”的特殊地理位置，于1938年成立了新四军第四支队第二游击纵队第四大队，后又改为新四军三支队铜、无、繁游击独立第二大队，队部就设在老鹳咀里牛滩。1940年，老鹳曾一度还作为铜陵敌后军政委员会机关驻地，统一领导全县抗日武装和敌后基层政权机关领导工作。

老鹳圩始建于何时，因资料缺失，已不可考。据明万历十五年所编县志载，全县共有大小圩41座，其中有仁丰圩（上、中、下圩）、加兴圩、江村圩、老兴圩等，但无老鹳圩。到了清乾隆二十二年所编县志载，老鹳咀虽不是圩，但已列入全县滩名中，名为“老鹳咀滩”，与老兴圩、加兴圩并列。据此推算，老鹳成圩应在老鹳洲移民达到高峰时，才建圩造堤，以防水患。这大约在1900年前后。老鹳圩建圩后，据老人们讲，约在清光绪末年和宣统三年曾发过几次大水，破过几次圩。有一句民谣可以作证，“宣统宣统，淹断稻种”，说明这个年代江水之大。民国初年后也多次发大水，特别是在民国二十年、民国二十四年连续两次破圩。新中国成立后，1949 年、1954 年又两次破圩。其中 1954 年江水最大，超百年最高水位（1954 年坝埂头水位高达 15.12 米）。在老鹳圩未成圩以前，祖辈们均先在钱家湾、张混潭、单池一带居住，前头埂其实就是老兴圩和加兴圩的圩埂。随着老鹳滩地不断扩大，不断向后推移，才形成里牛滩和外牛滩，居民也随之增多，最后才形成目前老鹳咀多个村庄的格局。再就是上夹口这个地名，它有一定的地名特色。大约在老鹳圩尚未形成以前，此处应该是一个缺口，是一处低洼地，涨水时，大小船只均可以进入夹口避风或夜晚停泊，小船甚至可以由当时的南岗头水沟走大缺口出长江。所以宋荦、严岩等人才有舟泊老鹳咀的诗作。

二、老鹳沿革

老鹳自民国二十九年（1940）撤区并乡以后一直属于汀洲乡管辖，属第八保。1949 年 4 月 21 日铜陵全境解放以后，一度属沙洲区汀州乡。自 1949 年 10 月全县废保甲改为村，便定名为鹳鸣村。1952 年恢复乡建制，全县设 9 区 4 镇 78 个乡，其时鹳鸣村又改属为汀洲区鹳洲乡（含鹳兴村）。1956 年 4 月经调整全兴、鹳洲两乡合并改称为老鹳乡。村名亦改为老鹳村。同年 8 月又与太平等乡合并，改为太平乡。1958 年 9 月铜陵县并入铜官山市，农村乡镇改为人民公社，村改为大队，其时老鹳大队仍属钟仓人民公社管辖。1960 年 3 月又调整改为太平公社，仍名为老鹳大队。1983 年，根据县统一规定，太平公社改为太平乡，老鹳大队亦更名为老鹳行政村。其间于 1952 年曾与鹳兴村合并过一次，为时不长，名为鹳洲乡。又于1977年析出后埂部分成立了柳洲村，时间亦很短，又于2006年4月合并为一村，村仍名为老鹳村至今。现属西联乡管辖。

三、老鹳革命斗争简略

老鹳人现在虽属世居，但两百年以前亦属移民，是由本县南部山区或周边其他郡县迁入定居的。他们勤劳，有不怕吃苦的开拓精神，有百折不挠的大无畏气概；他们性格开朗，为人正派，有世代相传的人生观、道德观、价值观。不论知识分子还是农民，或是工商业者，都有各自遵守的信条："抬头求人，不如低头求土"，"饿死不做贼，气死不告状"。知识分子中还有一股清高傲气，有一股不愿为五斗米折腰的文人气派。这些文化传承对后代影响很大。在一百多年中，历来教书先生很多，但出仕为官的很少。他们认为，读书的目的是为明白事理，陶冶情操，修身养性，立身行事。五四运动以后，老鹳知识分子中，一部分在外地读书的青年经过新思潮的洗礼，接受了新思想的教育，他们既有儒家思想的道德观念，又有新的政治敏锐感觉，思维活跃，向往光明和民主自由，所以在1933年老鹳人王安澜、王子香、王采封、查全忠、汪万和、朱道进等在胥坝三官殿成立了中共柳州党支部，同时成立了老鹳赤卫队，动员群众开展武装斗争。这次武装革命虽为时不长，但在老鹳播下了革命火种，乃至在抗日战争中大爆发，农抗会、青抗会、妇抗会风起云涌，一次又一次掀起抗日高潮。尤其是老鹳的基干民兵，在皖南新四军民运科长方休的领导和指挥下，曾多次伏击日军，取得了不小的胜利。为了保卫抗日成果，一批老鹳热血青年，纷纷加入抗日队伍。他们在沙洲游击大队王安澜的动员下，先后参加新四军的有汪春廷、朱五一、朱敦云、章小宝、王泽民、丁旭之、汪世才、章黑你等，并有多人随军北上，在解放战争和新中国成立后的抗美援朝战争中，为解放和保卫祖国做出了贡献。抗美援朝时期，

1951 年 6 月，老观一次参军人数达二十余人，其中有三人长眠在异国他乡。

老鹳虽是穷乡僻壤，但也曾经历过一次小小的学潮。那是在 1947 年下半年，是年暑假，经胥坝一位黄先生推荐，由同学王心畅父亲王子香先生牵头，从桐城吴桥请来了一位名叫吴昭铭的先生。该先生不仅年轻，而且有学问，语文、数学、英语、理化等初高中课程，门门能教。王老先生当时办起了铜陵第一家补习学校，名为“铜陵日新补习社”，并向毗邻乡、村招收学生。招收的学生有安平乡杨林村的张邦俊，重新村的刘敦和，新桥乡的古绪鹏和本村的夏可云、齐宗望、王仲廉、齐美南、汪世德、王心畅、丁系珪、查全模等十余位学生。当年八月开学，课程设置有语文（主要是读《诗经》《古文观止》）、数学（主要是《代数》《几何》《三角》）、英语以及中学《物理》《化学》等课程。开学后学生学习劲头十分强劲，依此进度，次年均能考入高中插班生，家长和学生都十分满意。就在此时（1947 年 11 月），因吴对当时国民党政府的政治、军事、经济有看法，在布置语文作业时，出了两道作文题，一是“和平展望”，一是“给朱德、毛泽东的一封信”。此事不仅激起了地方势力的挑战，而且还引起了乡公所的弹压。有人趁机报告“补习社”以补习文化为名，实为暗通共党，是地下共产党联络站等。伪乡公所于是派出以汀洲中心小学校长为首的数名老师以游学为名，实施侦查学生思想动态，查看学生作文，提出处理意见。可是吴根本不把这些所谓“文人”当一回事，既不接待，又照常讲课，视若无人。这些人吃了闭门羹以后，经过密谋策划，次日便派了七八个荷枪实弹的警保队直冲补习社，要立即解散补习社，实行武装封学。开始家长出面，茶水侍奉，并以好言恳请，不要影响学生的学习，更不要封门。但警保队根本听不进去，一要坚持进课堂搜查，二要封门，三要解散学生。

于是，全体同学在年龄大的同学带领下，分成两组，一组手拉手堵好校门，另一组则手持铁锹、锄头、木棍、扁担等自卫。双方对峙约一小时，警保队鸣枪示警，恐吓学生，逼其让路。不料这一声枪响，更激起了学生们反抗情绪，还引来了更多乡亲们的支持。人多势众，趁鸣枪混乱之际，挥舞手中棍棒武器，围攻警保队，逼他们后撤返乡。而此时警保队亦怕事态扩大，掉头就跑。警保队逃回乡公所后，添油加醋，向乡长哭禀，惹怒了乡公所头目，当场决定由伪乡长亲自率一连“国军”赴老鹳围剿闹事学生首领和幕后支持者。当晚这个决定就有好心人告知了老鹳有关家长。次日一早，学生到校，各自清理了作文和政治书籍，然后由年长学生领队，全部到柳州回避。当时正值秋收以后，路上人少，四五十名所谓“国军”全副武装到达老鹳后，对补习社进行搜查，然后以乡公所名义，将补习社进出大门贴上了封条。再后，由伪乡长出面，将部分家长“请”到保长家训话，逼迫家长们交出领头闹事的学生和所谓幕后策划者。由于学生已先期做了准备，故在查抄中没有得到任何有用证据。此时本村一些好心的士绅们便出面调和，息事宁人。乡公所没有得到证据，就请两位家长（即王子香、丁本善两位先生）一同赴汀州乡公所去“休息”几天，待事态冷却以后再作处理。自王子香、丁本善两位家长被带走以后，在家的各位家长连夜在一起商量对策。家长们一致认为，战乱年代，什么事情都能发生，营救工作事不宜迟。于是做了两条决定：一是每位学生暂捐黄豆 200 斤，作为营救应酬之用；二是连夜请人去犁桥托丁本修先生出面到县城找当时的政府，恳请放人。后经丁先生在城里多方活动，才求得当局同意放人，并同意补习社继续开学。两位家长在汀州乡公所软禁了 4 天，每个学生损失了 200 斤黄豆，又停课十余日，以致日新补习社元气大伤，一蹶不振。

四、老鹳文化教育

老鹳的先生与私塾可谓多矣，各个时期均有代表人物。他们总的思想是遵循儒家中庸之道、仁义为先，尊重文化和民族精神，尊重先进思想和先进事物，讲究诚信，相互尊重。而老鹳的广大民众，则本着“贫莫断书香”的历代家训，所以历代出现的先生多、学生也多。老鹳每年开课的塾馆有五六家之多，学生在百人左右。据本人记忆，20世纪三四十年代在老鹳从事教书的先生有王赣臣、王少壁、张炳南、章济川、王培槐、王子香、汪万衡、汪万怀、胡谦和等。除以上本村先生以外，还外聘了王世恩、朱世范、胡永藩、吴昭铭等。

由于老鹳文化氛围浓厚，兼之“唯有读书高”的思想，自第一代老鹳人开始，不论章、查、朱、王、汪、齐、丁、李、胡、谢各姓，都有一个共同的愿望，希望子孙读书明理，能成为服务社会的有用人才。

老鹳在新中国成立前以旧时教育为主，除几家私塾外，很少人赴省内外求学。新中国成立后，1950年秋季，老鹳村在王仲廉同志动员和发动下，创办了一所新型的老鹳咀小学。到1951年冬土地改革以后，老鹳中心小学正式列入国家办的学校序列，从此走上全县正规学校行列。

1975年，经县教育部门批准，老鹳中心小学在小学基础上又增设了初中部，面向周边村庄招收新生，当年共收新生296名。

老鹳是生我养我的地方，我在此成长，也曾在此服务过。1949年6月间，因长江防汛，被乡亲们推举，并经乡政府同意，我被任为鹳铭村文书。在任期间，经历过筹建村政府，筹集粮草、支援前线，筹集防洪物资，动员民工上堤堵口和以工代赈复堤兴修以及

“土地改革”“镇压反革命”“抗美援朝”等政治运动，直到1951年8月我被录取到“皖南革命干部学校”，离开老鹳转赴芜湖学习，才终止文书一职。我对老鹳的人和事特别有感情，每当忆及，历历在目。早有心想写点东西，以记其事，因我的文化有限，未敢动笔而作罢。近年来，乡亲老友，每谈及此事，均鼓励我试试，而我亦不怕献丑，答应举我全力一试。但由于时间跨度大，资料又散佚不全，很难再现昔日老鹳风貌。不过经大家多方努力，回忆过去，了解现在，去伪存真，反复斟酌，终于勉为其难编就了《老鹳史话》这本小册子。老鹳在这200多年的时间里，曾出现了许多可歌可泣的人和事，以我的拙笔是难以尽言的，只能撷取一小部分，而且是挂一漏万，编成这本“史话”，今虽付梓，错误和遗漏恐在难免，故敬请乡亲们谅解，亦请大家批评指正。

在编写过程中，深得老鹳名士汪春茂、王仲廉、齐宗望、章尚朴以及王跃先、王应修、查日昂、王东升、王延庆等诸位先生和老鹳村历任、现任部分负责同志章尚新、汪德炳、章新民、谢贵胜、徐规划、李小云等的大力支持，他们帮我回忆过去，了解现在，修改文字，校勘人名，订正错误，补充事实，真是不胜感激，在此表示深深感谢！

一个人和他的村庄（代后记）

程保平

1951 年，18 岁的查全模考取皖南革命干部学校，自此离开老观，开始了他四十余年的公职生涯。自曾祖迁居老观以来，到查老这一代，查氏在老观已生活四代。他们已彻底融入这方水土中，将此视作自己的家园和根本，视作自己的一切。

1949 年 4 月，老观解放，读过几年私塾的查老被新政府吸纳到村政权处理日常事务。解放区的天是晴朗的天。作为阅历诸多苦难和战争的年轻人，他对新社会满怀希望和热情。他以为，这不仅是他个人，还是当时老观全体村民。

自皖南干校毕业后，查老先后在铜陵县供销社、工商局、县委、物价局等部门工作。按他的说法，虽然文化不高，进步不大，但还是遵从了古训，耕读持家，克己奉公，宽以待人，生活和家庭过得还安详通顺。因了这种家风，他的子女以及子女的子女都学有所成，走到上海、合肥，甚至海外，成了某方面的专才或学者。其中二儿子查屏球是复旦大学文学院教授、博士生导师，东京大学客座教授，学术多有建树，影响力遍及海内外。查老以为，孩子有点出息，不是他个人的功劳，而是遵从了古训，是老观这方水土日浸月蚀的结果。

退休以后，查老赋诗作词，颐养天年，倒也自得其乐。其中，有关老观的故人旧情，新旧变迁，是其唱和的主题。发展到后来，促使他在75岁高龄时拿起了笔，完成了《老观史话》的撰写，并自费印刷面世。

《老观史话》约三万字，分由来、沿革、工商、文教、物产、诗文等篇章，概括地描摹了老观整体轮廓，其中有些篇章属忆旧随笔性质的，如“难忘的上夹口”，以作者亲见，再现了当日老观上夹口一带的繁华与风俗，文笔质朴而生动，读后令人印象深刻。这些文字都是查老一点一滴回忆，或采访、搜罗、整理得来的，是老观建村以来第一次有目的地收集，对研究乡村社会经济、人口迁徙、民俗文化等，都有一定的参考价值。

中国社会在长期农业文明中，形成了一个独特的社会阶层——士绅，他们在乡村社会承担着上传下达、文化教育、维系社会关系与道德伦理的重任，由于他们的存在，中国农耕社会才得以稳定和继续。作为其中一分子，查老对此是首肯又亲力亲为的。

随着新中国的诞生，大规模经济建设迅速拉开，农耕经济遽然被打破，城乡二元格局随之形成，并由城市对农村形成压倒性态势。同农村诸多优秀人才一样，查老无形中被这股潮流所挟裹，自愿或不自愿地流向城市。但城市文明的某些特质，又让他们无所适从，步履蹒跚，这种矛盾的直接结果导致了他们不断回望乡村，心生留恋和诗意，期望长久地留住家园，留住根本，给自己的灵魂以慰藉。这种情绪或文化肯定，不仅是查老，还有所有流落到城市的士绅阶层，以及广大漂泊到城市的乡民。

士绅群体的转移，城市精彩了；而乡村由此失去了文化灵魂，失去了文化传承人，其凝聚力从情感到社会结构都随之消解，呈无序、萎缩、低层次化运转。他们是矛盾的，焦虑不安的，无能为力又心有不甘的。他们想在享受城市文明的同时，又留住“峙土而居”“耕读人家”，保有田园的美好和灵魂的安放所。只是许多人停留在感性层面上，而查老却以耄耋之年自觉行动了。我想，这不仅是查老撰写《老观史话》的主观动机，也是该书具备文化史意义的所在。这个时代的巨变亘古未有，但故事，准确地说是乡村故事，需要记录，需要保全，需要有选择地承继。

正是这种示范效应，才有了后来《老观村志》的延续。我们都是乡间士绅，一群飘荡在城市无以维系的灵魂。我们的想法是，以集体的力量，将《老观史话》尽可能地系统化，打捞些历史碎片——它们是行将消失、永不再来又不为人注意的，将其固化下来，给后人以参考，以启迪——原来，我们是这么过来的。这就是《老观村志》文化意义的所在。

《老观村志》编撰期间，查老是我们的顾问、向导，同时也是编辑和资料员。每次下村采访，他老早就在家准备了提纲，要了解什么，做哪些补充和整理，要找什么人来询问。到了村里，他带我们走东往西，这是怎么回事，那里从前是什么样儿，一点一点地给我们解释。不懂或不知的情况，他会去找路径，采访、记录、整理。到了交稿时，他会准时而来，拎着一袋子手写稿，一张一张翻给我看，一点一点地交代，这该放哪里，那个可能不确，需要做什么补充。交代完了就回家，并不留下来闲聊，还歉意地说，打搅你了，你忙。为此我特别歉意，并心生敬畏。

有一次搜集宗谱，这是村志编撰常有的事，往事都成碎片，典章记载阙无，有文字的也只是宗谱了，这给编撰工作带来了极大困难。我们搜来百十本宗谱，每个编辑都做了分工，但临到整理时却出了问题，地理、人物关系，由于村情、源流不熟，都对不上号。查老听到这个情况，并没有说话，只把宗谱接了去，一点一点去读，一点一点地记录，竟将所有的氏族源流和现状理出了头绪，还以工整的微楷写了长篇文稿。我想象着他以85岁高龄，戴着老花镜，就着台灯，一个个字吃力往前推进，心里无比安详的样子。我看到了一个老人的文化情怀，看到了文化深植民间的力量。我幸运有所见证，这是我完善自己、不断前行的模板和向导。一个人和他的村庄是微不足道的，但因有了文化，可能会影响一个人、一批人或者一个群体。

《老观村志》编撰期间，查老的神态是安详的，说话是和缓的，待人是诚恳亲和的，信念又是笃定而执着的。这让我常常想到梁云龙评价海刚峰，“望之如泰山壁立，就之如春风泰和，接谈无疾言，无遽色，临难无郁气，无忿容”，即使现在写后记，心里还在如水自流般念叨。

《老观村志》自编撰到成书，有曲折，有酸苦，亦有缺憾，诚如序言所说。我们可以负责地说，这是义务劳动，没给村里添加经济负担，所有的费用都来自市作协自筹，来自社会各界的厚爱和支持，为此我们要感谢所有参与《老观村志》编撰的人，感谢为《老观村志》提供支持的社会各界，因为您的参与，《老观村志》才得以诞生，您是最出彩的人。至于其他，不是我们考虑所及。